LA SEPMAINE, OV CREATION DV MONDE,

DE G. DE SALLVSTE,
Seigneur du Bartas.

Institutionis Parisiensis oratorii Iesu

A PARIS,

Chez Iean Feurier, demourant pres le
College de Reims.

M. D. LXXVIII.

AVEC PRIVILEGE DV ROY.

EXTRAICT DV
Priuilege du Roy.

PAR priuilege du Roy donné à Paris le 21. iour de Feurier, 1578. il est permis à Guillaume de Salluste, Seigneur du Bartas, de choisir & commettre tel imprimeur qu'il verra estre suffisant pour fidelement imprimer, ou faire imprimer vn liure intitulé *La sepmaine ou Creation du Monde*, lequel a esté visité par les Docteurs de la faculté de Theologie. Inhibant ledit Seigneur à tous Imprimeurs, Libraires & autres quelconques, qu'ils n'ayent à imprimer, ou faire imprimer, ny exposer en vête ledit liure, sinon par la permission, licence & congé dudit de Salluste, ou de l'imprimeur par luy choisi & commis à l'impression d'iceluy. Et ce sur peine de confiscation des liures ia imprimez, & d'amende arbitraire, tant enuers le Roy, que ledit de Salluste, & des dommages & interests de l'imprimeur par luy choisi: comme il est plus amplement contenu esdités lettres du priuilege. Signé par le Conseil.

Desonnard.

Ledit G. de Salluste, a permis à Iean Feurier, & Michel Gadoulleau, Libraires & Marchans de Paris, d'imprimer ou faire imprimer, La Sepmaine, ou Creation du Monde, iusqu'au terme de cinq ans finis, & accomplis, à commencer du iour que ledit Liure sera acheué d'imprimer.

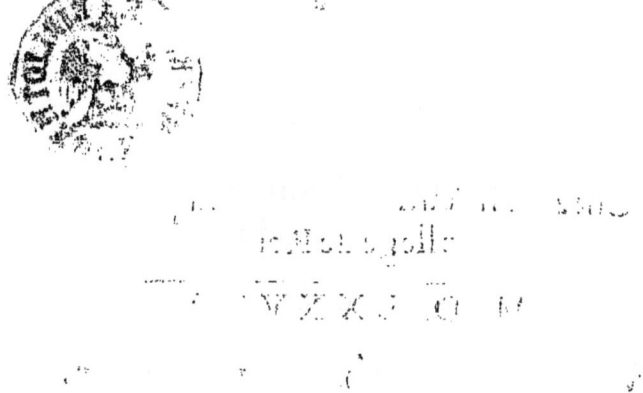

AV LECTEVR.

AMI Lecteur, ayant esté contraint de faire transcrire à la haste ce Liure par diuers escriuains: & chacun d'eux ayant retenu son orthographe accoustumée: il est aduenu, que l'Imprimeur, qui a suiui ceste copie, a escrit vn mesme mot tantost à l'antique, tantost à la nouuelle façon: & quelque fois encor a suiui vn orthographe du tout peruertie. De quoy ie t'ay voulu aduertir, de peur que t'ahurtant à ces pierres, tu ne rebrousses soudain chemin, pour aller prendre tes esbats ailleurs. Que si tu rencontres d'autres fautes soit aux mots, soit en la matiere (& certes ie me crein que tu en y trouueras en trop grand nombre) ie les auouë franchement pour miennes. Non en intention de les deffendre obstinément, ains pour leur impetrer grace de ta courtoisie: & te suplier de penser non seulemét qu'ez choses hautes & difficiles, le seul desir est digne de loüange: ains que mesme les homes plus accorts sont sujets à s'endormir quelque fois en vn long ouurage, begayer en vne langue estrangere, & s'égarer en vn chemin non batu.   ADIEV.

A G. DE SALLVSTE SEI-
GNEVR DV BARTAS,
Sonet.

VN fauorable Dieu qui va guidant ton æle,
   D'vn vol hardi te fét ore fendre les ærs,
Ore planer vers terre, ore razer les mers:
Et puis te guinde au Ciel d'vne vitesse isnele.

Lui-méme t'a montré la source perennele
   Du Nectar dous-coulant qui distile en tes vers,
Soigneus à l'auenir que par tout l'vniuers
S'épande la liqueur de ta veine immortele.

Voilà pourquoi chantant le trauail iournalier
   Du grand, inimitable, incomparable ouurier
Ton chant est tout diuin, & ta Muse hautaine

Foule l'orgueil mutin de l'Enuie & du Tans:
   Et aquiert (mon Salluste) auec vne Sémaine
A ton durable nom mille centaines d'ans.

J. D. CH.

PREMIER IOVR
DE LA SEPMAINE DE G.
DE SALLVSTE, SEIGNEVR
du Bartas.

OI qui guides le cours du Ciel porte-flambeaus,
Qui, vrai Neptune, tiens le moite frain des eaus,
Qui fais trembler la terre, & de qui la parole
Serre & lâche la bride aus postillons d'Æole,
Eleue à toi mon ame, épure mes espris,
Et d'vn docte artifice enrichi mes Ecris.
ô Pere done moi, que d'vne vois faconde
Ie chante à nos neueus la nessance du Monde:
ô grand Dieu done moi, que i'étale en mes vers
Les plus rares beautés de ce grand Vniuers:
Done moi qu'en son front ta puissance ie lise:
Et qu'enseignant autrui moi-méme ie m'instruise.
 De-touiour le clér feu n'enuironne les ærs,
Les ærs d'éternité n'enuironnent les mers:
La terre de tout tans n'est ceinte de Neptune.
Tout ce Tout fut bati non des mains de Fortune
Féfant entrechoquer par discordans accors
Du réueur Democrit' les inuisibles cors.

A

L'immuable decret de la bouche diuine,
Qui causera sa fin, causa son origine:
Non point auant le tans, non point dedant le tans,
Ains méme auec le tans : car les siecles, les ans,
Les diuerses sésons, les mois, & les iournées
Sont du bal mesuré des cors celestes nées.
 Or donq auant tout tans, matiere, forme, & lieu
Dieu tout en tout étoit, & tout étoit en Dieu,
Incompris, infini, immuable, impassible,
Tout-esprit, tout-lumiere, immortel, inuisible,
Pur, sage, iuste, & bon. Dieu seul regnoit en paix:
Dieu de soi-méme étoit & l'hôte & le Palais.
Bien est vrai que sans iour, sans semence, & sans mere
De ce grand Vniuers il engendra lé Pere,
Ie di son Fis, sa Vois, son Conseil eternel,
De qui l'étre est égal à l'étre paternel.
De ces deux proceda leur comune Puissance,
Leur Esprit, leur Amour non diuers en essance,
Ains diuers en Persone, & dont la Deïté
Subsiste heureusement dés toute eternité:
Et fét des trois ensemble vne essance triple-vne.
 Tout beau, Muse, tout beau : d'vn si profond Neptune
Ne sonde point le fons : garde toi d'aprocher
Ce Caribde glouton, ce Caphaté rocher,
Où mainte nef, suiuant la Raison pour son Ourse,
A fét triste naufrage au milieu de sa course.
Cil qui veut seurement par ce goufre ramer,
Sage, ne doit iamés cingler en haute mer:
Ains côtoier la riue, aiant la loi pour voile,

Pour

DE SALLVSTE.

Pour vent le saint Esprit, & la foi pour Etoile.
  Combien d'espris subtils ont le monde abusé,
Pour auoir cet Esprit pour patron refusé:
Et quittant le saint fil d'vne Vierge loiale,
Se sont, perdans autrui, perdus dans ce Dedale ?
Dans les sacrés caïers du double Testament,
A peine l'home peut élire vn argument,
Dont le sens soit plus haut, l'enquéte plus penible,
Le sçauoir plus vtile, & l'erreur plus nuisible.
Aus rés de ce soleil ma veuë s'éblouit:
En si profond discours mon sens s'éuanoüit:
De mon entendement tout le fil se rebouche:
Et les mos à tous cous tarissent dans ma bouche.
  Or cete Trinité, que pour ne m'empêcher,
J'aime plus mile fois adorer, qu'éplucher,
Dans l'infini d'vn rien bâtit vn edifice,
Qui beau, qui grand, qui riche, & qui plein d'artifice,
Porte de son Ouurier empreinte en châque part
La beauté, la grandeur, & la richesse, & l'art:
Qui beau, qui grand, qui riche, & qui artiste, bouche
Des Homes-chiens sans Dieu la blasemante bouche.
  Echele qui voudra les étages des Cieus:
Franchisse qui voudra d'vn saut ambitieus
Les murs de l'Vniuers: & bouffi d'arrogance,
Contemple du grand Dieu face à face l'Essance.
Face encor, qui voudra, ses plus beaus pensemens
Ramper par le limon des plus bas elemens:
Et contemple, attentif, telement cest Ouurage,
Que l'honeur de l'Ouurier s'étoufe en son courage.

A ij

Piqué d'un beau souci, ie veus qu'ore mon vers
Diuinement humain se guinde entre deux ærs:
De peur, qu'alant trop haut, la cire de ses æles
Ne se fonde aus raïons des celestes chandeles:
Et que trainant à terre, ou que razant les eaus,
Il ne charge les bous de ses craintis cerceaus.

Il me plait bien de voir cete ronde Machine,
Come étant vn miroir de la face diuine:
Il me plait de voir Dieu : mais come reuêtu
Du manteau de ce Tout, témoin de sa vertu.
Car si les rais ardans que le cler soleil darde
Eblouïssent les yeus de cil qui le regarde:
Qui pourra soutenir sur les cieus les plus clers
Du visage de Dieu les foudroyans éclers?
Qui le pourra treuuer separé de l'ouurage,
Qui porte sur le front peinte au vif son image?

Dieu, qui ne peut tomber és lours sens des humains,
Se rend come visible és œuures de ses mains:
Fét toucher à nos dois : flerer à nos narines:
Goûter à nos palés ses vertus plus diuines:
Parle à nous à toute heure : ayant pour truchemens
Des pauillons astrés les reglés mouuemens.

Vraiment cet vniuers est vne docte Ecole
Où Dieu son propre los enseigne sans parole.
Vne vis à repos qui par certains degrés
Fét monter nos espris sur les planchers sacrés
Du Ciel porte-brandons. Vne superbe sale,
Où Dieu publiquement ses richesses étale.
Vn pont, sur qui l'on peut sans crainte d'abimer

Des

Des mysteres diuins passer la large mer.
  Le Monde est vn nuage à trauers qui rayone
Non le fis tire-trés de la bele Latone:
Ains ce diuin Phœbus, dont le visage luit
A trauers l'epesseur de la plus noire nuit.
  Le Monde est vn theatre, où de Dieu la puissance,
La Iustice, l'Amour, le Sauoir, la Prudence,
Iouënt leur personnage, & come à qui mieus mieus
Les espris plus pesans rauissent sur les Cieus.
  Le Monde est vn grand Liure, où du souuerain Mêtre
L'admirable artifice on lit en grosse lettre.
Châque œuure est vne page, & de le châque effet
Est vn beau Caractere en tous ses trés parfet.
Mais las! come enfançons, qui lassés de l'étude,
Fuient, pour s'égaïer les yeus d'un Mêtre rude,
Si fort nous admirons ses marges peinturés,
Son cuir fleurdelizé, & ses bors sur-dorés:
Que rien il ne nous chaud d'aprendre la lecture
De ce texte disert, où la docte Nature
Enseigne aus plus grossiers, qu'vne Diuinité
Police de ces lois ceste ronde Cité.
  Pour lire là dedans il ne nous faut entendre
Cent sortes de jargons : il ne nous faut aprendre
Les caracteres Turcs, de Memphe les portréts,
Ni les points des Hebrieus, ni les accens des Grecs.
L'Antarctique brutal, le vagabond Tartare,
L'Alarbe plus cruel, le Sythe plus barbare,
L'enfant qui n'a set ans, le chassieus vieillard,
Y lit passablement, bien que dépourueu d'art.

Mais celui, de qui l'œil prend la Foi pour Lunetes
Passe de part en part les cercles des Planetes:
Comprend le grand Moteur de tous ces mouuemens:
Et lit bien plus courant dans ces vieus Documens.
   Ainsi donq èclerè par la foi, ie desire
Les textes plus sacrès de ces Pancartes lire:
Et depuis son enfance, en ses eages diuers,
Pour mieus contempler Dieu, contempler l'Vniuers.
   Cét admirable Ouurier n'attaccha sa pensee
Au fantasque dessein d'vn œuure pourpensee
Auec vn grand trauail : & qui plus est n'éleut
Quelque monde plus vieil, sur lequel il voulut
Modeler cetui-ci, ainsi que fet le maitre
D'vn batiment roial, qui plus tôt que de metre
La main à la besogne, élit vn batiment,
Où la richesse & l'art luisent également.
Et ne pouuant treuuer en vn seul edifice
Toutes beautés en blot, il prend le frontispice
De ce palais ici, d'vn autre les piliers,
D'vn autre la façon des riches escaliers:
Et come vn Zeuxe accort de ses mains non écharses
Renge en vne beauté mile beautés éparses:
Ains n'aiant rien qu'vn rien pour dessus lui mouler
Vn chef-dœuure si beau, l'Eternel sans aler
Rauasser longuement, sans tressuer de peine,
Feit l'ær, le ciel, la terre, & l'ondoiante pleine.
   Ainsi que le soleil, qui sans bouger des Cieus
Coronne de bouquès le printans gracieus:
Engrosse sans trauail nôtre mere feconde:

                                                     Et

Et, lointain, rajeunit le visage du monde.
　Le vueil & le pouuoir, le desir & l'effet,
L'ouurage & le dessein d'vn ouurier si parfét
Marchent d'vn méme pas : sous sa loi tout se range:
Et ferme en ses projés, d'auis onque il ne change.
　Et toutefois ce Rien ne vit ensemblement
Paroitre sa matiere, & son riche ornement.
Car come cil qui veut équipper des galées,
Pour se fére seigneur des prouinces salées,
A son œuure songeant, fét grand amas de bois,
De cordages, de fer, de toiles, & de pois.
Puis quand tout est ensemble, à l'abre vn abre vouë,
Ce bout d'ais à la pouppe, & cet autre à la prouë,
Et cet autre au tillac : come l'art, & le soing
Lui guident l'œil, l'esprit, & le fer, & le poing.
Ainsi le Tout-puissant auant que, sage, il touche
A l'ornement du Monde, il jéte de sa bouche
Ie ne sçai quel beau mot, qui rassemble en vn tas
Tout ce qu'ores le Ciel clôt de ses larges bras.
Mais l'auare nocher treuue ja toute féte
La matiere nauale : Et Dieu la fét, l'apréte,
L'agence, l'embellit, pour vn si haut dessein
Ne mendiant sujet, industrie, ni main.
　Ce premier Monde étoit vne forme sans forme,
Vne pile confuse, vn mélange difforme,
D'abimes vn abime, vn cors mal compassé,
Vn Chahos de Chahos, vn tas mal entassé:
Où tous les Elemens se logeoient péle-méle:
Où le liquide auoit auec le sec querele,

Le rond auec l'égu, le froid auec le chaud,
Le dur auec le mol, le bas auec le haut,
L'amer auec le dous : bref durant céte guerre
La Terre étoit au Ciel, & le Ciel en la Terre.
La terre, l'ær, le feu se tenoient dans la Mer:
La mer, le feu, la terre étoient logés dans l'ær,
L'ær, la mer, & le feu dans la terre : & la terre
Chez l'ær, le feu, la mer : Car l'Archer du tonnerre
Come grand Maréchal n'auoit encor donné
Quartier à châcun d'eus : Le Ciel n'étoit orné
De grans touffes de feu : les plaines émaillées
N'embâmoient point les Cieus : les bandes écaillées
N'entrefendoient les eaus : des oiseaus les soûpirs
N'étoient encor portés sur l'ále des Zephirs.

 Tout étoit sans beauté, tout sans lustre, sans flame,
Tout étoit sans façon, sans mouuement, sans ame:
Le feu n'étoit point feu, la mer n'étoit point mer,
La Terre n'étoit terre, & l'ær n'étoit point ær:
Ou si ja se pouuoit treuuer en vn tel Monde,
Le cors de l'ær, du feu, de la Terre, & de l'onde:
L'ær étoit sans clarté, la flamme sans ardeur,
Sans fermeté la terre, & l'onde sans humeur.

 Bref, ce n'étoit le monde, ains l'vnique matiere
Dont il deuoit sortir : la riche pepiniere
Des beautés de ce Tout : l'Embryon qui deuoit
Se former en sis iours en l'état qu'on le voit.
Et de-vrai ce monceau confusément enorme
Etoit tel que la chair qui s'engendre, difforme,
Au ventre maternel, & par tans toutefois

Se

Se change en front, en yeus, en nés, en bouche, en dois:
Prend ici forme longue, ici large, ici ronde,
Et de soi peu à peu fét nétre un petit Monde.
Bien est vrai que l'un d'eus par nature se fét
De laid, beau: de mort, vif: & parfét d'imparfét,
Et l'autre onques n'eut pris autre forme, autre usage,
Si du grand Dieu sans-per, le tout-puissant langage
N'eut come siringué dedans ces membres mors
Ie ne sçai quel Esprit qui meut tout ce grand cors.
   La palpable noirceur des ombres Memphitiques,
L'ær tristement èpes des brouillars Cimmeriques,
La grossiere vapeur de l'infernal manoir,
Et, si rien s'imagine au monde de plus noir,
De ce profond abyme emmanteloit la face:
Le desordre regnoit haut & bas dans la masse:
Tout étoit en brouillis : & ce Tas mutiné
Se fut, seditieus, soi-méme ruiné
Tout soudain qu'il nâquit, si la vertu diuine
Eparse dans le cors de toute la machine
N'eut serui de mastic, pour ensemble coler
Le vagueus Ocean, le Ciel, la Terre, & L'ær,
Qui çà & là choquant l'un l'autre à l'auenture
Tâchoient fére mourir la nessante nature.
   Ainsi qu'un bon esprit qui graue sur l'autel
De la docte memoire un ouurage immortel,
En troupe, en table, au lit, touiour, pour touiour viure
Discourt sur son discours, & nage sur son liure:
Ainsi l'esprit de Dieu sembloit en s'ébatant
Nager par le dessus de cet Amas flottant:

                                B

Dieu ne sembloit auoir en ce tans autre cure
(Si cure peut tomber en Essence si pure.)
Ou bien come l'oiseau qui tâche rendre vifs,
Et ses œufs naturels, & ses œufs adoptifs,
Se tient couché sur eus, & d'une chaleur viue
Fét qu'un rond iaune-blanc en vn poulet s'auiue:
D'vne méme façon l'esprit de l'Eternel
Sembloit couuer ce goufre, & d'vn soin paternel
Verser en châque part vne vertu feconde,
Pour d'vn si lourd amas extrere vn si beau Monde:
Car il n'est rien qu'vn Tout, qui clot de son clos tout:
Dont la sur-face n'a milieu, ni fin, ni bout.
Il n'est qu'vn vniuers, dont la Voûte supréme
Ne lésse rien dehors, si ce n'est le rien méme.

 Or quand bien ce grand Duc, qui bien-heureus aprit
En l'école d'Oreb les lois du saint Esprit,
Ne nous rendroit certains que Dieu par sa puissance
Fit en deux-fois trois-iours toute mortele Essence,
La raison démolit ces nouueaus firmamens,
Dont Leucippe a jeté les freles fondemens:
Veu que si la Nature embrassoit plusieurs Mondes
Du plus haut vniuers les terres, & les ondes
Vers le Monde plus bas decendroit sans repos,
Et tout se refondroit en l'antique Chaos.
Il faudroit d'autre part entre ces diuers Mondes
Imaginer vn vuide, où leurs machines rondes
Se peussent tournoier, sans que l'vn mouuement
Au mouuement voisin donât empéchement.
Mais tous cors sont liés d'vn si ferme assemblage

Qu'il

Qu'il n'est rien vuide entr'eus. C'est pourquoi le breuuage
Hors du tonneau percé ne se peut écouler
Qu'on n'ait d'un soupirail fét ouuerture à l'ær.
C'est pourquoi le souflet dont la bouche est bouchée
Ne peut estre élargi. C'est pourquoi l'eau cachée
Dans un vase bien-clos ne se glace en hiuer,
La Clepsydre ne peut les jardrins abreuuer
S'on ferme sa gargoüille, & l'argentine source,
Qui dans le plom creusé fét son esclaue course,
Forçant son naturel rejaillit vers les Cieus:
Tant & tant à tous cors le vuide est odieus.

 Dieu ne fit seulement ynique la Nature:
Ainsi la fit bornée & d'âge & de figure,
Voulant que l'etre seul de sa Diuinité
Se vit toujour exant de toute quantité.
Vraiment le Ciel ne peut se dire sans mesure,
Veu qu'en tans mesuré sa course se mesure:
Ce tout n'est immortel: puis-que par maint effort
Ses membres vont sentant la rigueur de la mort:
Que son commencement de sa fin nous assure,
Et que tout va çà bas au change d'heure en heure.

 Composés hardiment, ô sages Grecs, les Cieus
D'un cinquieme Element: disputés, curieus,
Qu'en leur cours toujour-un l'œil humain ne remarque
Commencement, ni fin: Debatés que la Parque
Asseruit seulement sous ses crueles lois
Ce que l'Astre argenté reuoit de mois, en mois:
Le foible étayement de si vaine doctrine
Pourtant ne sauuera ce grand Tout de ruine.

Vn iour de comble-en-fons les rochers crouleront :
Les mons plus sorcilleus de peur se dissoudront :
Au contrére ce iour les plus basses campagnes
Boursoufflées croitront en superbes montagnes :
Les fleuues tariront : & si dans quelque étang
Reste encor quelque flot, ce ne sera que sang :
La mer deuiendra flame : & les seches Balenes,
Horribles, mugleront sur les cuites arenes.
En son Midi plus clér le iour s'épessira :
Le Ciel d'vn fer roüillé sa face voilera,
Sur les astres plus clérs courra le bleu Neptune :
Phœbus s'emparera du noir char de la Lune :
Les étoiles cherront : Le desordre, la nuit,
La fraieur, le trêpas, la tempete, le bruit,
Entreront en quartier. Et l'ire vengeresse
Du iuge criminel, qui ja déja nous presse,
De tout cest vniuers ne fera qu'vn bûcher,
Come au tans de Noé il n'en feit qu'vne mer.

 Que vous estes, helas, de honte & de foy vuides,
Ecriuains qui couchés dans vos Ephemerides
L'an, le mois, & le iour, qui clorront pour touiours
La porte de Saturne aus ans, aus mois, aus iours :
Et dont le souuenir fét qu'ores ie me pâme,
Priuant mon cors de force, & de discours mon ame,
Vôtre menteuse main pose mal ses jetons,
Se mêconte en sa chifre, & recherche à tâtons
Parmi les sombres nuits les plus secretes choses
Que dans son cabinet l'Eternel tient encloses.
C'est lui qui tient en main de l'orloge le pois :

Qui

Qui tient le Calendrier, où ce iour, & ce mois
Sont peins en letre rouge: & qui courans grand-erre
Se feront plus tôt voir, que preuoir à la terre.
   C'est alors, c'est alors, ô Dieu! que ton fis cher
Qui semble estre affublé d'une fragile cher,
Descendra glorieus des voûtes étoilées:
A ses flancs voleront mille bandes ælées:
Et son char triomfal d'éclairs enuironé
Par Amour, & Iustice en bas sera trené.
   Ceus qu'vn marbre orgueilleus presse dessous sa lame:
Ceus que l'onde engloutit: ceus que la rouge flame
Eparpille par l'ær: ceus qui n'ont pour tombeaus
Que les ventres gloutons des lous, ou des courbeaus,
Eueillés, reprendront, come par inuentaire,
Leurs peaus, leurs chairs, leurs os: orront deuant la chaire
De cil, qui souuerain, iuge en dernier ressort,
L'arret diffinitif ou de vie, ou de mort:
L'vn t'épreuuera dous, l'autre armé de iustice:
L'vn viura bien-heureus, l'autre en cruel suplice:
L'vn bas, & l'autre haut. O toi, qui d'autrefois
D'vn iuge Italien as redouté la vois,
Fay, las! que quand le son du cornet de ton Ange
Huchant de Thile, au Nil, & d'Atlas, iusqu'au Gange,
Citera l'Vniuers prochain de son decés,
Le Iuge & l'Auocat tu sois de mon procés.
   De sagesse & pouuoir l'inépuisable source
En formant l'Vniuers fit doncq ainsi que l'Ource,
Qui dans l'obscure grotte au bout de trente iours
Vne masse difforme enfante au lieu d'vn Ours:

B iij

Et puis en la léchant, ores éle façonne
Ses dechirantes mains, or sa téte felonne,
Or ses piés, or son col : & d'un monceau si laid
Son industrie anime un animal parfait.

 Non que le Tout-puissant en moins d'une minute,
Appaisant du Chaos la quereleuse émeute,
Ne peut cindrer les Cieus, peupler nôtre ær d'oiseaus,
De bêtes les forés, & de poissons les eaus :
Mais emploiant tant d'art, tant de iours, tant de peine,
A bâtir un palais pour la semance humaine
Qui ne viuoit encor, il nous montre combien
Il doit estre soigneus & de l'heur, & du bien
De ceus qu'il a ja fets, & vers qui par promesses
Il a cent mile fois obligé ses richesses.
Nous montre que l'ouurier, pour le bien imiter,
D'un boüillonnant desir ne doit precipiter
La besogne entreprise, ains d'une longue attante
Repasser mile fois la lime patiante
Sur l'ouurage cheri, se hâtant lentement :
Car ce qui se fét bien, se fét prou vitement.

 Mais par quel autre bout, ô Sagesse profonde,
Pouuoi tu commencer l'ornement de ce Monde,
Qu'en tirant du Chaos une bele clarté,
Sans qui méme le beau semble estre sans beauté ?

 En vain Timanthe eut peint son horrible Cyclope
Parrhase son rideau, Zeuxe sa Penelope,
Apelle sa Venus, si jamés le soleil
N'eut, pour les fére voir, sur eus jetté son œil
En vain, certes, en vain d'artifice si rare,

Le

Le Temple Ephesien, le Mausole, le Phare,
Eussent eté batis par les excellans dois
De Ctisiphon, de Scope, & du mêtre Cnidois,
Si le muet oubli des nuis plus eterneles
Eut aus yeus des humains emblé choses si beles.
 Hé! quel plus vif souci tombe en l'entendement
De celui qui projete un roial batiment,
Que de le bien percer? afin que l'œil du Monde,
Fésant au tour de nous châque iour une ronde
Y darde ses raions? & qu'encor châque part
Face ouuerte parade, & de dépense, & d'art?
 Soit donq que l'Eternel sur les deux Hemispheres,
Douze heures fit briller cent mile torches cleres,
Qu'apres il éteignit : afin qu'en sa saison
La nuit enuelopât l'un & l'autre Horison.
Soit que Dieu qui fit déja ce cler brandon, qui dore
L'uniuers de ses rés, mais non tel qu'il est ore.
Soit que le Tout-puissant fit luire un cler flambeau
Sur le front du Chaos, encor tout voilé d'eau,
Qui volant à l'entour donnoit le iour par ordre
Aus embroüillés Climas de ce goufreus desordre,
Come ores fét Titan, qui par le Ciel porté,
Est le char flamboiant de la même clarté :
Il n'eut pas si tôt dit, LA LVMIERE APPAROISSE,
Que ce Tout fres-eclos, d'aise transporté laisse
Son vêtement de dueil, & voit come briller
Le feu tout à trauers de son onde, & son ær.
 Saint brandon Dieu te gard : Dieu te gard torche sainte,
Chasse-ennui, chasse-dueil, chasse-nuit, chasse-creinte,

Lampe de l'vniuers, mere de verité,
Iuste éfroi des brigans, clair miroir de beauté,
Fille ainée de Dieu, tu dois bien estre bele.
Puis que l'œil clair-voyant de Dieu te iuge tele:
Puis-que ton propre ouurier en ses diuins propos
Ne peut, bien que modeste, assés chanter ton los.
 Mais d'autant qu'on ne sent plesir qui ne deplaise,
Si sans nul interuale on s'y plonge à son aise:
Que celui seulement prise la sainte paix,
Qui long tans a porté de la guerre le fais:
Et que des noirs courbeaus l'opposé voisinage
Des cignes Caïstrins, rend plus blanc le plumage,
L'Architecte du monde ordonna qu'à leur tour
Le iour suiuit la nuit, la nuit suiuit le iour.
 La nuit va temperant du iour la secheresse:
Humecte nôtre Ciel : nos campagnes engrisse:
La nuit est cele-là qui charme nos trauaus,
Enseuelit nos soins, donne treue à nos maus:
La nuit est cele-là qui de ses æles sombres
Sur le monde muet fét auecque les ombres
Degouter le silence, & couler dans les os
Des recreus animaus vn sommeilleus repos.
 O douce Nuit, sans toi, sans toi, las ! nôtre vie
Ne seroit qu'vn Enfer, où le chagrin, l'enuie,
La peine, l'auarice, & cent façons de mors
Sans fin bourcleroient & nos cœurs, & nos cors.
Celui qui condamné pour quelque enorme vice
Recherche sous les mons l'amorce d'auarice,
Et qui dans des fourneaus, noirci, cuit & recuit

Le

Le soufre de nos cœurs, se repose la nuit.
Celui, qui tout courbé, au long des riues tire
Contre le fil du fleuue vn trafiqueur nauire,
Et, fondant tout en eau, remplit les bors de bruit,
Sur la paille étendu, se repose la Nuit.
Celui qui d'vne faux maintefois émoulüe
Deuêt de son honneur la campagne velüe,
Se repose la nuit : & dans les bras lassés
De sa compagne perd tous les trauaus passés.
Seuls, seuls les nourrissons des neuf doctes puceles,
Ce pendant que la nuit de ses humides æles
Embrasse l'vniuers, d'vn trauail gracieus
Se tracent vn chemin pour s'en-voler aus Cieus.
Et plus-haut que le Ciel d'vn vol docte conduisent
Sur l'æle de leurs vers les humains qui les lisent.

IA DEIA i'attendoy que l'orloge sonât
Du iour la derniere heure, & que le soir donât
Relache à mes trauaus : Mais à peine ai-ie encore
Dessus mon Horizon veu paroitre l'Aurore.
Mon labeur croit toujour : Voici deuant mes yeus
Passer par escadrons l'Exercite des Cieus.

Anges, soit donq que Dieu vous fit cete journée
Sous le nom, ou du Ciel, ou de la Flame ainée :
Soit que vous printes étre auec cet ornement,
Qui de medailles d'or pare le firmament :
Ou soit que de maint iour vôtre heureuse nessance
De tout cet vniuers ait deuancé l'Essence :
(Car aussi ie ne veus combatre obstinément,
Pour vne opinion, és choses mêmement

C

Où le subtil discours d'une vaine science
Ne me seroit si seur, que mon humble ignorance)
Ie tien pour tout certain que les dois Tout-puissans
Vous créerent iadis immortels, innocens,
Beaus, bons, libres, subtils, bref d'vne essence tele
Que préque elle égaloit l'Essence paternele.
  Mais tout ainsi que ceus que la faueur des Rois
Pousse en plus-haut degré, ce sont ceus maintefois
Qui brassent la reuolte, & sans iuste querele
Sement par leur patrie vne guerre immortele:
Si qu'en fin iustement d'vn efroiable saut
Ils tombent aussi haut qu'ils tachoient voler haut.
Ainsi mains bataillons d'Espris portans enuie
A l'Eternel surion d'où ruisseloit leur vie,
Se bandent contre Dieu, pour priuer (bien qu'en vain)
De couronne sa tète, & de sceptre sa main.
Mais lui, qui n'est iamés desarmé de Tonnerres,
Contre les boute-feus des sacrileges guerres,
Les precipite en l'ær, ou bien eZ lieus plus bas:
Car l'Enfer est partout, où l'Eternel n'est pas.
  Ce peuple ensorcelé de superbe & de rage,
A gagné pour le moins sur nous cét auantage,
Qu'il sçait combien l'Enfer est éloigné des Cieus,
Car il l'a mesuré d'vn saut ambitieus.
  Tant s'en faut que Sathan & son escadre face
Profit de ce dur fleau, qu'il croit touiour d'audace,
Ou plus croit son supplice: Imitant les leZars,
Qui bien qu'ils soient coupés en trois ou quatre pars,
Menaçant le bleceur, s'aigrissent d'auantage.

Voire

Voire méme en mourant montrent viue leur rage.
  Depuis, ce Reuolté, Roi des ærs plus épais,
Auec le Tout-puissant n'a ni treue, ni paix,
Desireus d'enterrer de ses fets la memoire,
De blasemer son nom, & de saper sa gloire:
Desireus de priuer tout ce grand cors de chef,
De Roi céte cité, de patron céte nef.
  Or s'étant de tout tans la Majesté diuine
Logée en lieu si seur, que la sape, la mine,
L'echele, le canon, & tous ses autres ars
Sont foibles pour forcer ses non-forcés rampars,
Ne pouuant nuire au chef, les membres il oppresse:
Et pardonant au tronc, les branches il dépece.
  L'oiseleur, le pescheur, le veneur ne tend pas
Tant & tant de gluaus, d'hameçons, & de laz
Aus oiseaus, aus poissons, aus animaus sauuages,
Qui n'ont autre logis que les desers bocages:
Que ce malin Esprit tend d'engins pour tromper
Ceus méme qui ne font métier que de piper.
  Auec l'atrait mignard d'vn bel œil il atrape
Le bouillant iouuenceau : l'argent lui sert de trape
Pour prendre l'vsurier : par l'accueil gracieus
D'vn Prince, il va trompant l'Esprit ambitieus.
Il gagne auec l'apât de cent doctrines vaines
Ceus qui foulent aus piés les richesses humaines.
Et la foi, la foi méme est le piege où sont pris
Par l'art de ce pipeur les plus deuôs Espris:
Pipeur vraiment semblable à l'infecte chenille,
Qui le flairant honneur des plus gais mois nous pille,

C ij

Et qui nos dous fruitiers dépoüille de toiſon,
Pour puis la conuertir en amere poiſon.
   Qui ne ſeroit trompé par l'accorte malice
Du Prince de la Nuit, qui maintefois ſe gliſſe
Dans les membres gelés des Dieus d'or, ou de bois,
Et leur fét prononcer des veritables vois:
Qui taille du Prophete, & d'vn feu ſaint alume
Or la vierge de Delphe, or la vierge de Cume?
Or tire du tombeau le dernier Iuge Hebrieu,
Pour predire à ſon Roi les iugemens de Dieu?
Ore d'vne fureur profanement diuine
Du pontife d'Amon, échaufe la poitrine:
Si bien que quelquefois d'vn goſier non menteur
Aus peuples aueuglés il chante le futur?
   Qui ne ſeroit trompé par cil qui transfigure
En couleuure, vn rameau? que du Nil l'onde pure
Conuertit en pur ſang? qui ſur les lis Roiaus
Fét pleuuer par miliers & Raines, & crapaus?
   Car, come étant Eſprit, il voit, bien qu'inuiſible,
Les menées des grans : il ſent, bien qu'inſenſible,
Leurs plus ardens deſirs : &, come en pareils fets
Exercé de tout tans, il iuge des effets.
   Joint que pour hebeter les ames plus gentiles,
Pocher l'vn & l'autre œil aus Eſpris plus habiles:
Et dans ſes laz ſutils les plus fins enreter,
Il predit ce qu'il veut lui-même executer.
   Que ſi l'home prudent (bien que préque en même heure,
Suiuant l'ordre commun tout home naiſſe & meure:
Et qu'encor nôtre cors ſoit trop lourd inſtrument

                                     Pour

Pour suiure de l'Esprit le viste mouuement)
Par la seule vertu des metaus, & des plantes,
Produit dix mile effets dignes des mains puissantes
Du pere de ce Tout: Qui doute que leur main
N'enfante quelquefois maint acte plus qu'humain?
Veu qu'étans immortels, la longue experience
Des simples plus secrés leur donne connoissance:
Et qu'vn cors importun n'empéche leurs espris
De fére en vn moment ce qu'ils ont entrepris.
 Non qu'ils aient touiour dessus le col la bride,
Pour vaguer çà & là où l'apetit les guide,
Pour aueugler la terre, &, du monde veincueurs,
Exercer tirannie en nos çors, & nos cœurs.
Dieu les tient enchenés és fers de sa puissance,
Sans que méme vn moment ils puissent sans licence
Auoir la clef des chams. C'est par son saufconduit
Que l'esprit mensonger le fol Achab seduit,
Lui fésant batre aus chams, pour obstiné, combatre
L'ost qui doit de son cors chasser l'ame idolatre.
Armé de la vertu de son saint passe-port
Il tente l'humble Iob : met ses valets à mort:
Ioint aus pertes du bien les pertes du lignage:
Et verse sur son chef dommage sur dommage.
Pource que l'Eternel, ores pour éprouuer
La foi des plus constans, ores pour abreuuer
D'erreur ceus qui d'erreur gloutement se repaissent,
Emancipe souuent ces broüillons, qui ne cessent
De batre vn méme enclume, & poursuiure, insensés,
Les damnables effors en Adam commencés.
           C iij

Mais come à-contre-cœur céte apostate Bande
S'attaque aus fiers Tirans, & pour les Saints se bande:
L'Escadron innocent, qui ne desire pas
Ni s'éleuer trop haut, ni descendre trop bas:
De gaieté de cœur à tous momens chemine
Où le pousse le vent de la bonté Diuine:
Et son sacré dessein n'eut iamés autre but,
Que la gloire de Dieu, & des Saints le salut.

Vn déreglé desir n'entre en sa fantasie:
L'aspet du Tout-puissant est sa douce Ambrosie:
Et les pleurs repentans d'vn agneau retreuué,
Est le plus dous Nectar dont il soit abreuué.

L'esprit ambitieus de l'home ne desire
Qu'auoir sceptre sur sceptre, Empire sur Empire:
Mais il n'aspire point à plus grande grandeur:
Son repos git en peine, en seruice son heur.

Car Dieu n'a pas si tôt la parole auancée:
Hoché si tôt le chef: si tôt préque pensée
Vne haute entreprise, ou par moiens exquis
Le ministere saint des Anges soit requis,
Que ces vites Courriers ne prennent la volée
Pour la metre en effet. L'vn d'vne course ælée
Suit la fuite d'Agar, son chemin accourcit,
Et par discours sucrés son exil adoucit.
L'autre conduit d'Isac les puissantes armées:
L'autre guide Iacob ez terres Idumées:
L'autre, accort Medecin, redonne aus foibles yeus
Du fidele Tobit l'ysufruit cler des Cieus:
L'autre, d'aise raui, dans Nazaret asseure

Qu'vne

Qu'vne Dame sera Mere, & Vierge, en méme heure :
Et qu'elle enfantera pour le salut humain,
Son Pere, son Espous, son Fis, & son Germain.
Voire que sa matrice heureusement feconde
Comprendra celui-là qui comprend tout le Monde.
L'autre d'vn zele ardant à piés, & mains le sert
Par le sable infertil du montagneus desert.
L'vn l'exhorte au iardrin de vuider le calice
Par son Pere broié, pour lauer nôtre vice.
L'autre annonce sa vie aus Dames, qui cuidoient
Que ses membres gelés sous la tombe attendoient
De l'Archange le cri : l'autre contre esperance
Predit du premier Iean l'incroiable naissance.
L'vn, du decret diuin fidele executeur,
Des brebis d'Israël élargit le Pasteur.
L'autre fet en peu d'heure vn horrible carnage
De tous les fis ainés du Memphien riuage,
Exantant les maisons dont le sacré pôteau
A pour sa sauuegarde vn peu de sang d'agneau :
L'autre deuant Solime en moins d'vn rien moissonne
Lôt de Sennecherib, de qui l'ire felonne
N'épargnant le Ciel méme, égalant à ses Dieus
L'inimitable Ouurier de la terre, & des Cieus.

 Ses soldats ja vaincueurs des forces de l'Aurore
Assiegeoient la Cité, qui seule seule adore
Le Dieu sans compagnon : si qu'à peine vn moineau
Pouuoit sans leur congé franchir le saint creneau.
 Adonq Ezechias, qui come sage Prince
Represente à ses yeus de toute sa prouince.

L'entier rauagement, les ceps de ses vassaus,
Le trépas de ses fis, les lubriques assaus
Liurés aus chastetés des Roiales puceles,
Son propre cors haché de dix mile alumeles,
Le temple sans paroi, l'encensoir sans odeurs,
L'autel sans holocauste, & Dieu sans seruiteurs.
Couurant son chef de cendre, & d'vn sac sa poitrine.
Apelle à son secours la puissance Diuine,
Qui sa requête apointe : Et foudroye ses dars
Sur les fiers escadrons des Ethniques soudars.
Car tandis qu'à l'entour du feu des cors de garde
Ils ronflent seurement, l'Eternel qui regarde
L'ost d'vn œil courroucé, & d'vn dous œil le mur,
Enuoie dans le Camp vn celeste Escrimeur.
Son espée à deux mains d'vn seul reuers ne coupe
Le cors d'vn seul soldat : ains de toute vne troupe,
Et foudroyant, sanglante, or derriere, or deuant,
Passe par les armés come à trauers le vent.

 Ja châcun gagne au pié, mais sa course est trop lente
Pour éuiter les cous d'vne épée volante
Qu'on voit parmi lesærs sans qu'on voie le bras
Qui pousse en vne nuit tant d'homes au trépas:
Ainsi que des moulins on voit roüer les voiles
Sans voir l'esprit venteus qui soufle dans leurs toiles.

 L'Aube quitant le lit de son épous grison,
N'eut point si tôt rayé dessus nôtre Horizon,
Que le veillant Hebrieu du creneau de sa vile
Découurant tout d'vn coup cent quatre vints cinq mile
Idolatres tués, fremit d'aise en son cœur

Pour

Pour voir tant de veincus sans sçauoir le veincueur.
 Sacrés Tuteurs des Saints, Archers de nôtre garde,
Asseffeurs, Postillons, Heraus de cil qùi darde
L'orage sur le dos des rocs audacieus :
O communs truchemens de la terre, & des Cieus,
Ie suiuroi plus long tans vôtre vite plumage.
Mais aiant entrepris vn si lointain voiage,
Ie crein de perdre cœur, si du commencement
Ie fai trop de chemin, & vai trop vitement.
Car i'estime que cil, qui, genereus, desire
Voir les murs & les mœurs de maint étrange Empire,
Sage, se diligente assés le premier iour
S'il passe seulement le sueil de son seiour.

F . I N.

D

SECOND IOVR
DE LA SEPMAINE DE G.
DE SALLVSTE, SEIGNEVR
du Bartas.

OVS ces doctes Espris, dont la vois flateresse
Change Hecube en Helene, & Faustine en
Lucresse:
Et d'vn Nain, d'vn Bátard, d'vn Archerot
sans yeus
Fét, non vn Dieutelet, ains le Métre des Dieus,
Sur les ingrâs seillons d'vne infertile arene
Sement, mal-auisés, & leur grain, & leur pene:
Et tendant vn filé pour y prendre le vent
D'vn los ie ne say quel, qui les va deceuant,
Se font imitateurs de l'araigne, qui file
D'vn art laborieus vne toile inutile.

 Mais bien que nous n'ayons rien plus cher que le tans,
Peu ie regreteroi la perte de leurs ans,
Si par ses vers pipeurs leur Muse trop diserte
Se perdant, ne trainoit des auditeurs, la perte.
 Sous le miéleus apâs de leurs doctes écris
Ils cachent le venin que les ieunes Espris
Aualent à longs trés, come étant par nature
De leur sein corrompu la propre norriture.

D'vn

D'vn rude élancement leurs carmes enchanteurs
Precipitent en bas les nouices lecteurs,
Qui font à mieus glisser d'vne folatre enuie
Par le pendant glacé du mont de céte vie.
Les vers que leur Phœbus chante si doucement,
Sont les souflés venteus dont ils vont r'alumant
L'impudique chaleur, qu'vne poitrine tendre
Couuoit sous l'épesseur d'vne honteuse cendre.
 Or tout tel que ie suis, du tout i'ay destiné
Ce peu d'art & d'esprit que le Ciel m'a doné
A l'honeur du grand Dieu, pour nuit & iour écrire
Des vers que sans rougir la Vierge puisse lire.
 Cler surjeon de doctrine, Ame de l'vniuers,
Puis qu'il t'a pleu choisir l'humble ton de mes vers
Pour chanter ton beau los : fai couler de ma plume
Le celeste Nectar, répan sur ce volume
La corne d'Amalthée : & fai qu'aucunement
Il réponde aus grandeurs d'vn si graue argument:
Défriche ma carriere en cent pars buissonnée
De dangereus haliers : lui sur céte Iournée:
Afin que saintement par ton fanal conduit
Mon sacré Rendés-vous ie gaigne, ains qu'il soit nuit.
 Céte longue largeur, céte hauteur profonde,
Cét infini fini, ce grand Monde sans monde,
Ce lourd, di-je Chaos, qui dans soi mutiné,
Se vit dans vn moment dans le Rien d'vn rien né,
Etoit le cors fecond d'où la celeste Essançe
Et les quatre Elemens deuoient prendre néssance.
 Or ces quatre Elemens, ces quatre Fis iumeaus,

Sauoir est l'Ær, le Feu, & la Terre, & les eaus
Ne sont point composés, ains d'iceus toute chose,
Qui tombe sous nos sens, plus ou moins se compose:
Soient que leurs qualités déploient leurs effors
Dans châque portion de châque melé cors:
Soit, que de toutes pars confondant leurs substances,
Ils facent vn seul cors de deux-fois deux essances:
Ainsi que dans le creus d'vn verre cristalin
Le breuuage Achelois se mele auec le vin:
Ou comme la viande & la boisson sutile
Se mélent dans le sein pour se muer en chile.
 Cela se voit à l'œil dans le brûlant tison:
Son feu court vers le Ciel sa natale maison:
Son ær vole en fumée : en cendre chét sa terre:
Son eau boût dans ses nœus. Vne semblable guerre
Tient en paix nôtre cors : Car sa terre est sa cher
Semée de maint os au lieu de maint rocher:
Dans les vitaus espris git son ær, & sa flame:
Dans les humeurs son flot : & le Ciel dans son ame.
Si des doctes humains l'esprit audacieus
Peut rien imaginer de plus beau que les Cieus.
Mais ie dirai bien plus, qu'on ne treuue parcele
En tout le cors humain, où châcun d'eus ne méle
Ses puissantes vertus : combien qu'éuidament
L'vn ou l'autre ait touiour plus grand commandement.
 En la masse du sang céte bourbeuse lie,
Qui s'épessit au fons, est la Melancholie
De terrestre vertu : l'ær domine le sang,
Qui, pur, nage au milieu : l'humeur, qui tient le flanc,

Est

Est l'aquatique flegme : & l'écume legere,
Qui boût par le dessus, est l'ardante cholere.
　Non que châque Element en main porte toujour
D'vn méme cors le sceptre : ains, regnant à son tour,
Il fét que le sujet dessous sa loi se range:
Et que changeant de Roi, de naturel il change :
Come sans respecter ni richesse, ni sang,
Châque bon citoien commande & sert de rang
Dans la libre Cité, qui semble en peu d'espace,
Changeant de magistrat, changer vn peu de face :
Car le peuple inconstant, qui loge dans ses murs,
Reçoit, Camæleon, de ses Princes les mœurs.
　Ainsi donq l'Element, qui dans le vin preside,
Le rend or chaud, or froid, ore sec, ore humide:
Par ses accouplemens parfets, ou moins parfets
Le forçant de changer & de goût & d'éfets.
Si bien qu'auec le tans le jus vertement aigre
Se fét mout, le mout vin, & le bon vin, vinaigre.
　Or tandis qu'entre nous ou le Prince ou le Roi
Captiue sa grandeur sous le joug de la loi,
Il commande sans peur : & la Chose-publique
Ioüit heureusement d'vn état pacifique.
Mais si, cruel Tiran, il n'est iamés soulé
Du sang de ses vassaus, si son glaiue afilé
Fuit toujour le fourreau : en fin, en fin sa rage
Conuertira sa terre en vn desert sauuage.
　De méme, ou peu s'en faut, tant que l'vn Element
Sur ces trois compagnons regne modestement :
Qu'vne proportion conioint, bien qu'inégales,

D iij

Les princeſſes humeurs, & les humeurs vaſſales,
Le cors demeure en eſtre, & ſur le front portrés
De ſa forme retient les plus inſignes trés.
Mais ſi tel que ce Roi, qui tranſporté de rage,
Deſiroit que tous ceus qui viuoient en ſon âge
Ne portaſſent qu'vn col, pour priuer d'vn reuers
Son ſceptre de ſujés, & d'homes l'vniuers,
De tous ſes compagnons il cherche la ruine :
Peu à peu la maiſon, ou, Tiran, il domine,
Ruineuſe, ſe perd : & dedans & dehors
Aus yeus plus cler-voians ſemble changer de cors.

   Ainſi le trop d'humeur qu'à la longue le foye
Mal-propre à digerer, entre deux peaus enuoye,
Bouffit le cors malade, étouppe les conduis
Des moites excremens : bouche, & rebouche l'huis
A la pantoiſe haleine : & lentement cruele
Fét qu'au milieu de l'eau ſa ſoif ſoit eternele,
Ne laiſſant l'home en paix iuſqu'à tant que ſes os
Par le gelé tombeau ſoient tenus en dépos.

   Ainſi le ſec excés cauſe vne fieure lente,
Qui toujour ſans torment l'Hectique retormente :
Qui ſa loge aſſoeblit, priue d'aiſe ſon cœur,
Son viſage de ioye, & ſes membres d'humeur,
(Semblable au cler flambeau, qui peu à peu ſe mine,
Qui ſe pait de ſa perte, & vit de ſa ruine)
Ne laiſſant l'home en paix iuſqu'à-tant que ſes os
Par le gelé tombeau ſoient tenus en dépos.

   Ainſi le trop de feu cauſe vne fieure ardante,
Qui nous hâte le pous, qui la langue peſante

Nous

DE SALLVSTE.

Nous surcharge de crasse, & qui dans le cerueau
Nous peint fantasquement d'vn inconstant pinceau
Tout autant de portrés, qu'en forme la nature,
Que le sort en ébauche, ou que l'art en figure,
Ne laissant l'home en paix, iusqu'à tant que ses os
Par le gelé tombeau soient tenus en dépos.

 Ainsi ce trop grand froid, qui d'vne toison grise
Couure le chef vieillard: qui sa chair amenuise:
Qui seillone son front, qui caue ses deux yeus:
Qui le rend nuit & iour à soi-méme odieus:
Et qui sans fin coulant de moüele en moüele,
Eteint de ses hiuers la chaleur naturele,
Ne laisse l'home en paix, iusqu'à tant que ses os
Par le gelé tombeau soient tenus en dépos.

 Pourtant ne cuide point que çét excés reduise
Rien des cors à neant: seulement il déguise
Leur forme en cent façons, sans que le vrai sujet
Soit à croitre ou décroitre aucunement sujet.
Car tout ce qui se fét, se fét de la matiere,
Qui de l'antique Rien fut fete la premiere.
Tout ce qui se resout, en elle se resout.
Depuis que l'Eternel fit de rien ce grand Tout,
Rien de rien ne se fét: rien en rien ne s'écoule:
Ains ce qui naît, ou meurt ne change que de moule.
Son cors tantôt s'alonge, ores il s'accourcit,
Ore il se fét épais: tantôt il s'étressit.

 Et de-vrai, si d'vn rien les cors prenoient naissance,
La terre produiroit le froment sans semence.
Les Enfans desirés naitroient des flancs puceaus.

Tout se feroit par tout. quelquefois dans les eaus
S'engendreroit le Cerf, sur terre la Baleine,
Et parmi l'aer venteus le Belier porte-laine.
Les Cormiers, & les Pins naitroient dans l'Ocean :
La nois pendroit du Chéne, & du noier le glan,
Et l'Ægle transgressant de nature la regle,
Produiroit la Colombe, & la Colombe l'Ægle.
Que si les cors prenoient d'eus-méme accroissement,
L'home à croitre tardif, viendroit en vn moment
Tout aussi grand qu'il est : & les foréts ramées
Naitroient auec les troncs des plantes non semées.
L'Elephant non seuré, pourroit auant saison
Porter dessus le dos toute vne garnison :
Et le poulain, sortant du flanc de la Cauale,
Hannissant apres Mars seroit vn Bucephale.

Au contrére, si rien en rien se reduisoit,
Et tout ce qui se touche, & tout ce qui se voit
A cháque heure perdant quelque peu de matiere
En fin deuiendroit rien. Si la Parque meurtriere
Pouuoit de fons en-comble aneantir le cors,
Les cors seroient si tôt éuanoüis que mors.

A la longue des mons les haus fétes s'abessent.
Mais les creusés valons de leur perte s'engressent :
Et ce que le débord du Rhône ou du Thesin
Rauit au champ voisin, est acquis au voisin.

Le Ciel, brûlant d'amour, verse mainte rousée
Dans l'amarri fecond de sa chere épousée :
Mais puis ele ressort, siringuant ses humeurs
Par les pores secrés des arbres & des fleurs.

Quiconque

Quiconque a remarqué come vne seule masse
De cire peut changer cent & cent fois de face,
Sans croitre, ni décroitre : il comprend aisement
De ce bas vniuers l'assidu changement.
La Matiere du monde est céte cire informe,
Qui prend, sans se changer, toute sorte de forme :
La forme est le Cachet : & Dieu le Garde-seaus,
Qui sur elle apposant ses venerables seaus,
Anoblit plusieurs cors, qui se voyoient n'aguere
Couchés au rang honteus du méprisé vulguere.
 Rien n'est ici constant : la naissance, & la mort
President par quartier en vn meme ressort.
Vn cors naitre ne peut, qu'vn autre cors ne meure.
Mais la seule Matiere immortele demeure,
Tableau du Tout-puissant, vrai cors de l'Vniuers,
Receptacle commun des accidens diuers,
Toute pareille à soi, toute en soi contenuë,
Ainsi que le serpent qui mord sa propre queuë,
Immuable d'essance, & muable de front
Plus que n'est vn Prothée, & plus qu'encor ne sont
Les poulpes cauteleus, qui sur l'ondeus riuage
Changent pour butiner châque heure de visage.
Tele que le François, qui guenon affeté
Des étrangeres mœurs, se pait de nouueauté :
Et ne mue, inconstant, si souuent de chemise
Que de ses vains habis la façon il déguise :
Tele qu'vne Laïs, dont le volage amour
Voudroit changer d'ami cent mile fois le iour :
Et qui n'étant à peine encore délacée

E

Des bras d'vn iouuenceau, embraſſe en ſa penſée
L'embraſſement d'vn autre, & ſon nouueau plaiſir
D'vn plaiſir plus nouueau lui cauſe le deſir.
Car la Matiere vnique étant époiçonnée
D'vn amour vagabond : mais n'étant deſtinée
Pour en méme moment, & pour en méme part
R'accuillir tous pourtres, elle reçoit à part
Figure apres figure, en ſorte qu'vne face
S'éface par le trét qu'vne autre face éface.
 Or le ſecond motif de ces euenemens
Eſt le mortel diſcord de nos quatre Elemens,
Qui, du repos haineus, par ordre s'entremangent:
Qui reciproquement l'vn & l'autre ſe changent:
Qui naiſſent de leur cendre : & qui dans le tombeau
Treuuent le bers natal : non autrement que l'eau
Se treuue dans la neige, & la neige ſe treuue
Dans le flottant criſtal, qui les valons abreuue.
 Bien eſt vrai, que de tant que châcun Element
Contient deux qualités, dont l'vne abſolûment
Regne ſur ſa compaigne, & l'autre eſt homagere:
Ceus, de qui le pouuoir de toutes pars contrére
Eſt come en contre-carre, emploient plus d'effort,
Et de peine, & de tans à s'entremetre à mort.
La flame chaude-ſeche en l'onde froide-humide.
 La terre froide-ſeche en l'ær chaud-& liquide
Ne ſe muë aiſément, à cauſe, qu'inhumains,
Ils combatent enſemble & de piés, & de mains.
Mais bien la terre, & l'ær vitement ſe reduiſent
L'vne en l'eau, l'autre en feu : d'autant qu'ils ſimboliſent

            En

En l'vne qualité: ſi bien qu'à chacun d'eus
Eſt plus aiſé de veincre vn ennemi que deux.
　　Donques puis que le nœu du ſacré mariage
Qui joint les Elemens enfante d'âge en âge
Les fis de l'Vniuers, & puis qu'ils font mourir
D'vn diuorce cruel tout ce qu'on voit perir:
Et changeant ſeulement & de rang & de place,
Produiſent, inconſtans, les formes dont la face
Du Monde s'embellit, come quatre ou cinq tons,
Qui, diuerſement ioints, font cent genres de ſons,
Qui par le charme dous de leur douce merueille
Emblent aus écoutans les ames par l'oreille.
Ou come en ces Ecris vint & deux Elemens,
Pour être transpoſés, cauſent les changemens
Des termes qu'on y lit, & que ces termes méme
Que ma ſainte Fureur dans ce Volume ſeme,
Changeans ſeulement d'ordre, enrichiſſent mes vers
De diſcours ſur diſcours infiniment diuers:
Ce n'eſt point ſans raiſon, qu'auec telle induſtrie
L'Eternel partagea leur commune patrie:
Aſſignant à chacun ſelon ſa qualité,
Sa force, & ſa grandeur, vn regne limité.
　　Qui a veu quelquefois come vn lingot auare,
Veincu du chaud Vulcan, ſes richeſſes ſepare:
Come d'vn pas tardif l'or auec l'or s'enſuit:
L'argent cherche l'argent, le cuiure s'entreſuit:
Et ce Tout compoſé de pieces inegales
Se diuiſe en ruiſſeaus orengés, blans, & pâles.
Il comprend qu'auſſi tôt que la bouche de Dieu

E ij

S'ouure pour aſſigner à châque cors ſon lieu:
Le feu contre le feu, l'eau contre l'eau ſe ſerre:
L'ær ſe va ioindre à l'ær : & la terre à la terre.

    D'autant que Tout le lés, & bourbe de ce Tas,
Suiuant ſon naturel à plom deſcend en bas.
Le feu, come leger, d'vne force diuerſe
Les fentes du Cahos en méme heure trauerſe:
Par bluëtes s'en vole : & non moins pront que chaut,
De ce monde peſant gagne le lieu plus haut:
De la façon qu'on voit, lors que l'Aube bigarre
Le plancher de Cathay d'vne couleur biſarre,
Fumer les mornes lacs, & dans le frais de l'ær
Par les pores des chams les vapeurs s'exhaler.

    Mais creignant que le feu qui ſes freres enſerre,
Pour eſtre trop voiſin, ne cendroyât la terre:
Come arbitres nommés, Dieu commence étaler
Entre ſi grans haineus & l'Amphitrite & l'ær.
L'vn d'eus ne ſuffiſoit pour éteindre leur guerre:
Le flot come parent fauoriſoit la terre,
L'ær, du feu ſon Coſin ſoûtenoit le parti.
Mais tous deux vniſſant leur amour departi,
Peurent facilement apointer la querele
Qui ſans doute eut défet la machine nouuele.

    L'ær ſe parqua deſſus, l'eau ſe rengea ſous lui,
Non pouſſés par le ſort, ains conduis par celui,
Qui pour entretenir la Nature en nature,
Tous ſes œuures a fét par pois, nombre, & meſure.
Car ſi Neptun' ſe feut auprés du feu logé:
Soudain ſoudain le feu, ſe cuidant outragé,

Pour

Pour se prendre à l'Arbitre eut laissé sa Partie.
Or les sacrés aneaus de la Chéne, qui lie
Les membres de ce Tout, sont tels, que quand il veut,
Celui qui les a ioints seul disioindre les peut.
　Nerée, come armé d'humeur & de froidure,
Embrasse d'une main la terre froide-dure,
De l'autre embrasse l'ær : l'ær, come humide-chaut,
Se ioint par sa chaleur à l'Element plus haut,
Par son humeur à l'eau, come les pátoureles,
Qui d'un pié trepignant foulent les fleurs noueles,
Et mariant leurs bons au son du Chalumeau,
Gayes, balent en rond sous le bras d'un ormeau,
Se tiennent main à main : si bien que la premiere
Par celes du milieu se ioint à la derniere.
　Car puis qu'il est ainsi que le sec element
Ses propres Animaus ne nourrit seulement :
Ains qui plus est encor, du lait de ses mameles
Repaist du ciel flotant les escadres isneles,
Et les ventres glotons des troupeaus écaillés
Qui fendent les seillons des royaumes salés :
Telement que la terre est ou mere ou nourrice
De tout ce qui chemine, ou qui vole & qui glisse.
Il failloit qu'ele feut son propre contrepois,
Pour ferme demeurer contre les fiers abois
Du naufrageus Neptune, & les bouches irées
Des Austres chaleureus, & des gelés Borées.
Il failloit que son cors mornement otieus
Plus que tout autre cors feut éloigné des Cieus :
Afin que de leur cours l'éternele vitesse

Ne donât des cerceaus à sa froide paresse,
Roide, la rauissant, tout ainsi que sans fin
Ele rouë auec soi l'Element plus voisin.
  Puis qu'aussi d'autre-part l'harmonieuse course
Des clers brandons du Ciel, est l'immortele source
De la vie terrestre : & que tous changemens
Ne sont causés d'ailleurs que de leurs mouuemens,
L'Eternel ne pouuoit en plus commode place
Asseoir le Rond fleuri d'vne si belle Masse.
  Car les vitaus raions des Astres-flamboians
Versent éparsement sur les ærs ondoians,
Sur la flame voûtée, & sur la demeurance
Des puples sans poumon, leur puissante influance.
Mais toutes leurs vertus se vont finalement
Vnir dedans le rond du plus bas Element,
Come centre du Tout, ainsi que dans la rouë,
Qui graue d'vn long trac son voiage en la bouë,
Les éloignés raions se vont étrecissant,
Au milieu du bouton leurs pointes vnissant.
  Come le cler Soleil la verriere trauerse:
Des Astres tornoians, l'influance diuerse
Passe de part en part sans nul empêchement
Le diafane cors du plus chaud Element,
Les regions de l'ær, le transparant de l'onde,
Non le solide cors du fondement du Monde.
C'ét pourquoi iustement nous pouuons apeler
Concubines du Ciel, l'onde, la flame, & l'ær:
D'autant que son Phœbus, la Lune, sa Plejade
Ne ioüissent iamés, que come de passade

De

De l'amour de ces trois : combien qu'inceſſâment
Le Ciel, Mâle, s'accouple au plus ſec Element :
Et d'vn germe fecond, qui toute choſe anime,
Engroſſe à tous momens ſa femme legitime.
La terre plantureuſe, & de cors ſi diuers
En forme, & naturel embelit l'Vniuers.

L'Ocean plus leger que la terreſtre Maſſe,
Et plus peſant que l'ær, au milieu d'eus ſe place,
Pour tant mieus temperer d'vne moite froideur
De l'vn la ſechereſſe, & de l'autre l'ardeur.

Hé! ma Muſe où vas tu ? Mignonne tourne bride :
N'épuiſe tout d'vn trét la ſource Caſtalide.
Surçoy, belle, ſurçoy pour ce iourd'hui le los,
Surçoy le ſaint honneur de la terre & des flôs.
Et ſans anticiper l'origine du monde,
Laiſſe iuſqu'à demain mélés auecques l'onde
Les montagneus rochers : car ce ſera demain,
Que Dieu ſeparera de ſa puiſſante main
Ces broüillés Elemens, & les plaines veluës
Ornera, liberal, de forés cheueluës.

Il eſt tans, mon Amour, mon vnique ſouci.
Il eſt tans, ou iamés, de déloger d'ici :
Il eſt tans, ou iamés, d'enter des fortes æles
Sur le lis immortel de tes vierges eſſeles.
Afin que ſur ton dos accortement leger
Ie puiſſe ſeurément par les Cieus voltiger.
Ca-ça donc, mon Bon-heur, ça préte moi l'épaule :
Afin que là deſſus, vn des premiers de Gaule,
I'ébranche de ma main ce Laurier que les Cieus,

Auares, ont celé longuement à nos yeus.

L'Ær hôte des broüillas, joüet de la tempéte,
Regne des Aquilons, inconstante retréte
Des nuages ælés, & magazin des vens
Dont le commerce fét mouuoir les cors viuans,
N'est pas tout vn par tout : Le compas des plus Sages
Le diuise à bon droit en trois diuers étages :
Dont le plus eleué, tant pour ce que le cours
Du Ciel, premier moteur, l'emporte, tous les iours
De l'Aurore au Ponant, & du Ponant encore
A l'adoré berceau de la vermeille Aurore,
Que pour estre voisin de l'Element plus haut,
Soit l'Æté, soit l'Hiuer, est reputé fort chaud.
Celui que nous touchons par tans certain endure
Ore l'apre chaleur, ore l'apre froidure,
Ore vn moien état : ses flôs sont au printans
Tiedement temperés, en Automne inconstans,
Froids l'hiuer, chaus l'æté, car les chams lors rejettent
Les raïons que çà bas dix mile Astres s'ajetent,
Et sur tous Apolon, aus trés duquel le flanc
De nôtre rond sejour sert de bute, & de blanc.

Mais celui du milieu, pour auoir sa demeure
Loin du lambris ardant, qui ce bas Monde emmure,
Et pour ne se pouuoir ressantir de ce chaud,
Que le sec Element touiour repousse en haut,
Frissone en sa rondeur d'vne glace eternele:
Car come se pourroit l'eau endurcir en grêle,
Même lors que l'æté fét blanchir nos moissons,
Si ses climas nétoient par-semés de glaçons?

Vraiment

Vraiment tout auſſi tôt que le Soleil déloge
De chez les dous Beſſons, pour viſiter la loge
Du Cancre ou du Lion qui pantelent d'ardeur,
Ce plancher moitoyen redouble ſa froideur:
Car aſſiegé du froid de deux fortes armées
Contre ſes chaus ætés plus qu'onques animées,
Il preſſe étroitement ſon froid de toutes pars,
Et ſon effort vni eſt plus roide qu'épars.

   Ainſi l'ôt des Chreſtiens, qui, lointain des frontieres,
Ne creint point la fureur des Turqueſques banieres,
Va marchant en deſordre, & vaguement épars,
Fét autant d'eſcadrons come il a de ſoudars:
Si bien que quelquefois le mutin populace
Armé d'arcs & bâtons le ront, le bat, le chaſſe.
Mais s'il ſent aprocher les lunés gonfanons
De la race Hotomane, & les doubles canons,
Qui mirent par les trés de leur ſalpetré foudre
Les murailles de Rhode, & de Belgrade en poudre:
Soudain il ſe r'alie: & dans vn champ étroit
Il ſe va retranchant: le courage lui croit:
Le ſang lui boût d'ardeur: & la voiſine force
Du Puple circoncis ſa puiſſance renforce.

   Céte Antiperiſtaſe (il n'i a point danger
De naturaliſer quelque mot étranger:
Et même en ces diſcours, ou la Gauloiſe fraſe
N'en a point de ſon crû qui ſoient de tele Emfaſe,)
Eſt celle qui nous fét beaucoup plus chaud treuuer
Le tiſon flamboiant ſur le cœur de l'hiuer,
Qu'aus plus chaus iours d'été: qui fét que la Scythie

F

Baisée trop souuent par l'épous d'Orithie
Produit des nourriſſons, dont les ſeins affamés,
Soit l'æté, ſoit l'hiuer, digerent plus de més,
Que ces mégres humains, que la torche Delphique
Roûtit inceſſamment ſur le ſable Lybique:
Qui fét méme que nous qui, bien-heureus, humons
Vn ær ſainement dous eʒ creus de nos poumons,
Cachons dans l'éſtomac vne chaleur plus viue
Lors que le froid Ianuier ſur nos climas arriue,
Que quand le blond Phœbus pour vn tans ſe banit
De Chus, pour recourir pres de nôtre Zenit.

 La Tout-puiſſante main de Dieu fit ce partage:
Afin que le frimas, la Comete, l'orage,
La roſée, le vent, & la pluie, & le glas
Se creaſſent en l'ær moitoien, haut, & bas:
Dont les vns députés pour feconder la terre,
Et les autres pour fére à nos crimes la guerre,
Peuſſent eʒ cœurs plus fiers grauer de iour en iour
Du Monarque du Ciel, & la creinte, & l'amour.

 Car tout ainſi qu'vn peu de chandele de cire
Dans le creus tranſparant d'vne ventouſe attiré
Par le dos pinceté l'humeur ſur-abondant,
Qui, trop viſqueus, aloit ſur les yeus décendant:
Ce flamboiant Courrier, dont la perruque blonde
Redore châque iour, or l'vn, or l'autre monde,
Attire inceſſamment deux ſortes de vapeurs,
Et des chams ondoians, & des chams porte-fleurs:
L'vne eſt pronte, fumeuſe, agile, ſeche, ardante:
Et l'autre chaude, vn peu: mais humide, & peſante:

Afin,

Afin, que se broüillant haut & bas par les ærs
Elles rendent ce Tout à soi-méme divers.

   Si donq une vapeur est si rare que d'ele,
L'eau former ne se puisse, & que méme son æle,
Engluée du froid, raze tant seulement
Le manteau fleuronné du plus bas Element,
Tout nôtre ær se noircit : & la bruine épesse
A fleur des chams herbus les Aures apparesse.

   Que si céte vapeur s'envole lentement,
Non iusqu'au froid plancher du venteus Element,
Ains plus haut que la neble, elle est en peu d'espace
Féte en Auril rosée, ainsi qu'en Ianuier glace.

   Mais si tous ces soupirs par le chaud animés
Gaignent la part de l'ær, où l'hiuer pour iamés
Fét son frilleus seiour : souuent l'humeur menuë
Par la vertu du froid se presse en une nuë,
Qui noüe par le Ciel dessus les vens æles :
Iusqu'à tant que ses flôs par goutes deualés
Retreuuent leur aïeule : ou soit qu'un fier vent pousse
La nuë vers la nuë, & d'une âpre secousse,
Creuées, les contreigne à répandre leur eau :
Come la fréle aiguiere, & le fréle goubeau
Qu'on voit s'entrechoquer entre les mains d'un page
Versent soudainement l'un & l'autre breuuage :
Ou soit qu'un vent plus dous par le Ciel se iouant
Aille par maint soûpir leurs larmes secoüant,
Ainsi qu'aprés la pluye, une pluye distile
Des cimes des forés, lors qu'une Aure gentile
S'ébatant à trauers les rameaus verdoians,

Se plait à frisoter leurs cheueus ondoians:
Soit que d'vn moite pois le haut nuage foule
La nuë de dessous, & qu'vne humeur s'écoule
Pressée d'autre humeur, tout ainsi qu'en Aoust,
Ou plus l'humide claye est chargée de mout,
Tant plus son fons criblé dans la cuue écumeuse
Verse de toutes pars vne liqueur fumeuse.

 Lors maint fleuue celeste en nos fleuues se perd:
On ne voit rien que pleurs : le Ciel d'ombre couuert
Semble choir goutte à goutte, & les terres beantes
Se couurent quelquefois de grenoüilles puantes:
Ou d'autant que l'humeur qui voltige là-haut,
Comprend le sec, l'humide, & le froid & le chaud:
Dont çà-bas tout s'anime : ou d'autant que l'haleine
Des Eures baloyant la poudroiante plaine,
Amoncele dans l'ær quelque poussier second
Dont ces lours animaus pêle-mêle se font:
Ainsi que sur le bord d'vne ondeuse campagne,
Qui se fét de l'égout d'vne proche montagne,
Le limon écumeus se transforme souuent,
En vn vert grenoillon, qui formé du deuant,
Non du derriere encor, dans la bourbe se ioüe
Moitié vif, moitié mort, moitié chair, moitié boüe.

 Quelquefois il auient que la force du froid
Gele toute la nuë : & c'est alors qu'on voit
Tomber à grans flocons vne celeste laine:
Le bois deuient sans fueille, & sans herbes la plaine.
L'vniuers n'a qu'vn teint, & sur l'amas chénu
A grand peine du Cerf paroit le chef cornu.

          D'autrefois

D'autrefois il suruient, qu'aussi tôt que la nuë
Par vn secret effort en goutes d'eau se muë,
Que de l'aër du milieu l'excessiue froideur
Les durcit en boulets, qui tombans de roideur
Trop souuent las! helas! sans faucille moissonnent:
Vendangent sans couteau: les fruitiers ébourgeonnent:
Dénichent les oiseaus, deshonorent nos bois,
Acrauantent nos beufs, & fracassent nos tois.
 Si les torches, qu'au Ciel l'Eternel a semées,
Des roignons de la Terre éleuent des fumées,
Toutes seches d'ardeur: leur feu pront, & leger
Prés des cercles d'azur soudain les veut loger.
Mais si tôt le somet de leur téte fumeuse
N'a pas touché du froid la prouince frilleuse,
Et senti quel pouuoir le camp audacieus
De leur haineus mortel a gagné dans les Cieus:
Qu'eles gagnent soudain la face maternele,
Aidées du surpois qu'eles ont puisé d'ele.
 Mais voici sur le champ venir à leur secours
Vne nouuele ardeur qui rebrousse leur cours:
Qui leur redone cœur, & qui remét les armes
Dans leur tremblante main. Auec ces frez gendarmes
Eles vont de plus beau r'alumer leurs combâs:
Et or gagnant le haut, or cul-butant à-bas
Agitent nôtre ciel d'vne diuerse sorte,
Selon que leur matiere est ou debile ou forte.
 Cela dure bien peu, d'autant qu'en ces assaus
La chaleur, & le froid se treuuans come égaus
En prouësse, & bon heur, pour finir céte émeute,

F iiij

L'vn empéche leur vol, l'autre empéche leur cheute:
Si que céte vapeur, qui ne peut vn moment
Demeurer en repos, fét rond son mouuement:
Vole de Pole en Pole : & bourdonant se guinde
Or de l'Inde en l'Hespagne, or de l'Hespagne en l'Inde.

   A cés Espris soufleurs, bien qu'ils soient animés
Quasi d'vn méme Esprit, qu'ils soient quasi formés
De semblable vapeur, la diuerse néssance
Done & diuers surnom, & diuerse puissance.

   Sentant les quatre vens, qui d'vn chemin diuers
Marquent les quatre coins de ce grand Vniuers,
Ie remarque é effets de leurs bruians passages
Quatre Humeurs, quatre Tás, quatre Elemés, quatre Ages.
Cil qui nait chés l'Aurore imite en qualité
L'Age tendre, le Feu, la Cholere, l'Æté.
Cil qui seche en venant l'Afrique solitére,
L'Age plus fort, les Aërs, le Sang, la Prime-vere:
Cil qu'on sent du Ponant moitement arriuer
L'Age pesant, & l'Eau, & la Phlegme, & l'Hiuer.
Cil qui part de la part où toujour l'ier frisonne,
L'Age fletri, les Chams, l'Humeur triste, & l'Automne.

   Non que iusqu'à présent nous n'aions aperceu
Plus de vens que l'Oest, le Nord, l'Est & le Su.
Cil qui voit, vagabond, or l'vn, or l'autre Pole,
En marque trente deux sur sa docte Boussole:
Bien qu'ils soient infinis, come infinis les lieus
D'où sort l'exhalezon, qui ventele les Cieus.
Mais tous, de quel côté que pronts ils se débandent,
Ainsi que de leurs chefs de ces quatre dépendent.

Ils

DE SALLVSTE. 47

Ils nétoiënt tantôt d'un murmurant balay
Le Ciel confusément de nuages voilé:
Tantôt d'un chaud soûpir ils sêchent les campagnes
Noyées par Electre & ses moites compagnes.
Ils temperent tantôt d'une tiede froideur
L'ær, qui sous l'Auant-Chien braisillone d'ardeur.
EZ gousses or ils font meurir les legumages,
Le froment eZ épis, eZ rameaus les fruitages:
Or ils portent la Nef d'un vol non engourdi
De l'Aube à l'Occident, & du Nord au Midi.
Ore pirouëtant d'une hâte sans hâte
Du molin brise-grain la pierre ronde-plate,
Ils transforment meuniers, en maint atome blanc
Le blé qu'ils ont puisé dans le terrestre flanc.

  Que si l'exhalaiZon est & chaude & gluante,
Mais tele toutefois, qu'ele cede, impuissante,
Aus eternels glaçons du venteus Element:
Son combustible cors voltige incessâment,
Iusqu'à tant qu'il s'alume, & qu'en terre il se iéte
Ainsi qu'une fusée, ou comme une sagéte
Empennée de feu. Mais quand l'exhalaiZon
Des engourdis Hiuers surmonte la maison,
De méme ele s'enflame, & faite un nouuel astre,
Denonce tristement quelque prochain desastre.

  Mais son feu pour auoir beaucoup plus d'aliment
Que n'a l'autre vapeur, dure plus longuement:
Soit que l'exhalaiZon incessament emeuë
Par le branle du Ciel, en un brandon se muë:
S'enflamant tout ainsi que le charbon qui dort,

Dedans le sec bouchon pour vn tans come mort,
Que le poing artisan secouë puis à l'ombre,
Pour faire, ménager, vn iour d'vne nuict sombre.
Soit qu'ele prene feu du plus haut element:
Come le vif flambeau va le mort alumant.

   Selon que la vapeur est éparse, ou serrée,
Qu'ele est ou longue, ou large, ou spherique, ou carrée,
Egale, ou non égale, elle figure en l'ær
Des portrés qui d'éfroi font les homes trembler.
Vn Clocher tout en feu de nuict ici flamboie:
Ici le fier Dragon à replis d'or ondoie:
Ici le cler Flambeau, ici le Tret volant,
La Lance, le Cheuron, le Iauelot brûlant,
S'éclatent en raïons : & la Cheure, parée
De grans houpes de feu, sous la voûte Ætherée
Bondit par-ci, par-là. Vn Astre étincelant,
Menace en autre part de son crin tout sanglant
De grêle les bouuiers, les pasteurs de pillage,
Les citoiens d'émeute, & les nochers d'orage.

   Mais qu'oi-ie dans le Ciel ? il semble que ce Tout,
D'ire s'écartelant, de l'vn à l'autre bout
Creuasse ses beaus murs : & qu'encor Persephone
D'étachant Alecton, Megere, & Tesiphone,
Ia lasse de regner sur les bors Stygieus,
Transporte son Enfer entre nous & les Cieus.

   Je sai qu'on tient, qu'alors que la vapeur humide,
Qui part tant du dous flot, que du flot Nereïde,
Et l'ardante vapeur montent ensemblement,
Dans l'etage second du troisieme Element:

                                             La

La chaude exhalaizon, se voiant reuétuë
De la froide épéſſeur de céte humide nuë,
Renforce ſa vertu, redouble ſes ardeurs:
Et, reiointe, fét téte aus voiſines froideurs.

   Le Lion, qui bani des forés paterneles,
Se voit ſiflé, moqué, dépité des puceles,
Et des enfans oiſeus, d'vn eſroiable bruit
Remplit ſon parc étroit: va, vient, ſuit & reſuit
La nouele priſon: &, forcené, deſire
Non tant ſa liberté, que d'aſſouir ſon ire.
Tout de méme ce feu deſireus de briſer
Sa flotante cloiſon, ne ſe peut appaiſer:
Ains ſans ceſſe il diſcourt, ſans ceſſe il tourbillonne,
Il bordone, il fremit, il mugle, il bruit, il tonne:
Iuſqu'à ce qu'éclatant ſes priſons par deſſous
Armé de flame & ſoufre il canone ſur nous.

   Car deſireus de ioindre en ſes ápres vacarmes
Aus ſoldats fraternels ſes affoiblis gendarmes,
Et de cét vniuers gaigner le lieu plus chaud:
Grondant, il táche fére vne ſortie en haut.
Mais il eſt aſſiegé d'vne foſſe ſi large,
Et d'vn ôt ſi puiſſant, que bien qu'ores il charge
De ce coté le froid, & qu'ore en autre part
L'écarmoûche il attaque, il treuue maint ſoudart
Qui d'vn cœur genereus ſes vains efforts repouſſe:
Se que deſeſperé, d'vne ardante ſecouſſe,
Oblieus de l'honeur, il s'enfuit, come il peut,
Par la porte honteuſe, & non par l'huis qu'il veut.

   L'Ocean boût de peur: les bourgeois d'Amphitrite

G

Treuuent pour se sauuer la mer méme petite.
La terre s'en émeut: le pasteur écarté
Ne se peut asseurer sous le rocher voûté:
Le Ciel, poureus, s'entr'ouue : & Pluton, Pluton méme
Au plus bas d'Acheron en vient d'éfroi tout blême.

 L'ær flamboie d'éclers : car le foudre choquant
La nuë, qui le ceint, il fét tout quand & quand
Briller le Ciel de feus, qui nos yeus éblouïssent:
Tout ainsi que celui que les Muses cherissent,
Fét, auant qu'il soit iour, d'vn fusil asilé
Bluëter le caillou sur le drap mi-brûlé.

 Et qui plus est, le foudre est fét d'vne fumée
De soi-méme touiour sechement enflammée:
Dont l'incroiable effort peut briser tous nos os
Sans blecer nôtre peau : peut fondre l'or enclos
Dans vn auare étui, sans que l'étui se sente
Interessé du choc d'vne ardeur si puissante:
Peut tronçonner l'éstoc sans sa gueine toucher:
Peut foudroier l'Enfant sans entamer la chair
Ni les os, ni les ners de la mere étonnée
De voir sa douce charge ainçois morte, que née:
Cendroier les soliers sans les piés offencer:
Et vuider de liqueur le mui sans le percer.

 Mes yeus, ieunes, ont veu mile fois vne feme,
A qui du Ciel tonant la fantastique flame,
Pour tout mal, ne fit rien, que d'vn rasoir venteus
Dans moins d'vn tourne-main tondre le poil honteus.

 Tairai-ie cent portrés qui, tristes, semblent étre
Cloués au front du Ciel? Quelquefois ie voi naitre

Vn

Vn Cercle tout en feu des rez clerement beaus
De Phœbus, de la Lune, & des autres flambeaus,
Qui regardans à plom sur le dos d'une nuë
Egalement épesse, & de ronde étanduë,
Pour ne pouuoir faucer l'épesseur de son cors,
En couronne arrondis, se répandent aus bors :
Ainsi, ou peu s'en faut, qu'une torche alumée
Au coin d'un cabinet dont la porte est fermée,
Ne pouuant percer l'huis du lustre de ses rais,
Les fét luire dehors par les bors de ses ais.
   Mais quand vers son declin du Soleil le visage
Flamboie vis-à-vis d'un humide nuage,
Qui ne peut soûtenir l'eau, dont il est enceint,
Plus long tans dans le flanc : sa clére face il peint
Dans la prochaine nuë, & d'un pinceau bisarre
La corbeure d'un Arc sur nos tétes bigarre.
Car la nuë opposée, & qui, premiere, prend
Les trés de cét archer, tout soudain les répand
Sur la nuë voisine, & son teint diuers méle
Auec l'or éclatant d'une torche si bele.
Tout ainsi que Phœbus frapant contre un gobeau
Sur la fenétre assis, tu vois soudain que l'eau
Renuoie d'un long trét céte clarté tramblante
Contre le haut plancher de ta sale brillante.
   D'autre part si la nuë est assise à coté,
Non sous, ou vis-à-vis, soit de l'astre argenté
Soit du doré brandon : & l'vne & l'autre forme
Par vn puissant aspect sa double, ou triple forme
Dans le nuage vni. Le puple est étonné

G ij

*De voir vn méme tans par trois Cochers mené
Le beau Char done-iour : & qu'encor les nuis brunes
Reçoiuent à l'enui pour Reines plusieurs Lunes.
   Mais pourquoi, fols Humains, allés vous compassant
Du compas de vos sens les féts du Tout-puissant?
Quel superbe desir, mais plutôt quele rage
Vous fét de Dieu sans Dieu dechifrer tout l'Ouurage?
   Quant à moi, ie sçai bien qu'vn home docte peut
Rendre quelque raison de tout ce qui s'émeut
Dessous le Ciel cambré : Mais non, non si solide
Qu'ele laisse vn Esprit de tout scrupule vuide.
Et quand il le pourroit, nous deuons toutefois,
En vantant ces oûtils, vanter sans fin les dois
Qui les mettent en œuure, & qui par tant de sortes
Donent en vn moment ame aus choses plus mortes.
   Si tôt que i'oy tonner, ie cuide oüir la Vois
Qui les pasteurs entrône, & détrône les Rois.
Par le choc brise-tours du foudre j'imagine
L'inuincible roideur de la dextre diuine.
Quand ie voi que le Ciel tout s'éclate en éclers :
Ie voi des yeus de Dieu les raiz saintement clers.
Quand il pleut par saison, c'est alors que ie pense
Que Dieu verse ici bas sa Corne d'Abondance.
Quand vn rauage long deluge nos guerés,
Dieu pleure, à mon aduis, nos pechés non pleurés.
Et iamés l'Arc-en-Ciel son long pli ne bigarre
Qu'il ne me soit pour seau, qu'il ne me soit pour arre,
Que le flot general pour la seconde fois
Hautain, n'ondoyera sur la cime des bois,*

           Qu'Atlas

DE SALLVSTE.

Qu'Atlas dans le Ciel cache, ou sur les hautes branches,
Que Caucase soûtient sur ses croupes plus blanches.
 Mais sur tout ie m'émeu quand le courrous des Cieus,
De prodiges armé, se presente à nos yeus:
Quand ce Tout se débauche, & péle-méle change
Son ordre coûtumier en vn desordre étrange.
 Qu'on fonde en vn Esprit tant d'Espris que Pallas
D'vne chaste mamele alaite entre ses bras:
Et me done, s'il peut, quelque raison certaine
De quoi se fét le lait, & la chair, & la laine
Qui cheut iadis du Ciel? qu'il me die coment
Dans les nuës se peut engendrer ce froment
Dont on a veu deux fois couuerte vne partie
De ce terroir Germain, qu'on nomme Carintie.
 Dieu, le grand Dieu du Ciel, s'égaie quelquefois
A rompre haut & bas de nature les lois:
Voulant que ces efféts à Nature contréres
Soient les Auant-coureurs des futures miseres.
 Tant de goutes de feu, que le Ciel larmoya
Dessus les chams Lucains, lors que Rome enuoya
La fleur Oenotriene en la riche campagne,
Que l'eau traine-limon du gras Eufrate bagne,
Presagéoient que le fer du Parthe tire-droit
Préque le nom Lucain l'an suiuant éteindroit.
 Ces fifres éclatans, ces craquetis des armes,
Qu'on oyoit dans le Ciel, tandis que les gendarmes
De l'inuincible Rome enferrrent de leurs dards
Les Cimbres, les Teutons, les Suisses soudars,
Contre les vains discours du profane Epicure,

Nous montrent que le sort ne peut rien en nature.
　Toi, qui vis foudroier de maint trét tout ardent,
L'abominable chef d'un Olympe grondant,
Contre la Trinité, perdi-tu pas l'audace
D'abaïer apres elle : & cracher sur la face
Du Dieu triplement un, qui ne laisse impunis
Les blasemes çà-bas contre son nom vomis?
　Hebrieu, non plus Hebrieu, ains semance barbare,
D'un Lestrigon, d'un Turc, d'un Scythe, d'un Tartare,
Di moi, que pensoi-tu, que pensoi-tu voiant
Ton Temple menacé d'un glaiue flambòiant?
Sinon que l'Eternel deuoit d'un bras robuste
Executer l'arrét de sa vengeance iuste
Sur tes murs & tes fis : que la faim ôteroit
Les restes de la peste : & le fer gléneroit
Les restes de ces deux : que les fis miserables
Rentreroient dans les cors des meres execrables
Bourréles de soi-méme : & que le coûtre encor
Dérroüilleroit son fer dessus tes palais d'or.
Et tout, tout pour auoir fét mourir par enuie
Ce grand Roi qui venoit pour te donner la vie?
　La fonteine de sang qui, rougeâtre, ondoia :
Cét énorme rocher, dont le Ciel foudroia
La terre Ligustique : & tant de croix sanglantes
Sur les tristes habis des humains apparantes,
Sembloient come crier que les Turquois soudars
Dans Genes ficheroient leurs bouffans étandars.
　Que ne fai-tu profit, ô frenetique France
Des signes dont le Ciel t'apele à repentance?

Peu-tu

Peu-tu voir d'vn œil sec ce Feu prodigieus
Qui nous rend châque soir effroiables les Cieus
Cet Astre cheuelu, qui menace la terre
De peste, guerre, faim, trois pointes du tonnerre,
Qu'en sa plus grand fureur Dieu foudroie sur nous?
  Mais las! que peut du Ciel le desarmé courrous:
Puis que tant de durs fleaus qui te plaient l'échine
N'arrachent vn soupir de ta dure poitrine?
Ton sang est ta boisson: ta faim ne se repait
Que de ta propre chair: ce qui te nuit te plait:
Tu n'as nul sentiment non plus qu'vn lethargique:
Tu fuis ta guerison: Plus l'Eternel te picque,
Plus tu fés du rétif: &, franc de tout souci,
Tu t'engresses de cous come vn âne endurci.
Et tel que le plastron, ou la blanche alumele
Tu vas plus resistant, ou plus on te martele.
  Mais ie voi qu'il vaut mieus quiter ces vains discours:
Ie voi qu'on perd le tans en parlant à des sours:
Ie voi bien qu'il vaut mieus tourner sur mes brisées
Pour chanter du Seigneur les œuures plus prisées.
  Ainsi donq qu'à la Cour le Monarque a le flanc
Brauement entouré des Princes de son sang,
Qu'apres eus la Noblesse, & qu'encor apres elle
Marche honorablement le Magistrat fidele,
Selon que plus, ou moins leur differant état
Voisine la grandeur du plus haut Magistrat:
Dieu logea pres du Ciel l'Element qui seconde
En vitesse, & clarté les beaus planchers du Monde:
Et les autres apres, selon qu'ils sont parens

Soit des Cieus azurés, soit de leurs feus Errans.
 Et toutefois plusieurs donnant plus de creance
Aus yeus qu'à la raison, mesurent la puissance
De Dieu d'vne aune humaine : & dans leur creus cerueau
Retranchent de ce Tout le membre le plus beau,
Le feu donc-clarté, porte-chaud, iete-flame,
Source du mouuement, chasse-ordure, done-ame,
Alchimiste, soldat, forgeron, cuisinier,
Chirurgien, fondeur, orfeure, canonier,
Qui peut tout, qui fét tout, & dont la source embrasse
Dessous les bras du Ciel le rond de céte masse.
 Si le feu se campoit entre nous & les Cieus,
Nous le verrions de nuit : car c'est lors que nos yeus
Remarquent (disent-ils) d'assés loin par les prées
Des ardans vermisseaus les échines dorées.
Puis coment verrions-nous brilloner à trauers
D'vn si grand cors de feu les yeus de l'Vniuers:
Puis que le plus aigu des plus saines pruneles
Ne voit rien à trauers le feu de nos chandeles?
 Incredules espris, si iamés les soupirs
Or des roides Autans, or des mignars Zephirs
Ne se fesoient sentir, vous croiriés être vuide
L'espace qui départ la terre, & l'eau liquide
Du Ciel sans fin-roüant : & croiriés aussi peu
Le venteus Element, que l'Element du feu.
 Autant que ces flambeaus, dont chés nous on alonge
Les iours que Capricorne en mer trop soudain plonge,
Cedent au cler Phœbus : autant en pureté
Nôtre feu cede au feu de l'Vniuersité:

             Car

Car nôtre feu n'est rien qu'une épesse lumiere
Pleine d'obscurité, de crasse, de fumiere.
Mais celui de là-haut pour n'étre point soüillé
Par le mélange épes d'un aliment broüillé:
Pour étre loin de nous : pour ne sentir Æole:
Voisin, voisine fort la nature du Pole.
  Mais las ! de quele masse ô métre ingenieus,
Formerai-ie apres toi les corbeures des Cieus?
Ie ressemble, incertain, à la feuille inconstante,
Qui sur le féte aigu d'un haut clocher s'éuante:
Qui n'est point à soi-méme, ains change aussi souuent
De place & de seigneur, que l'ær change de vent.
  Par le docte Lycée ores ie me promene:
Ores l'Academie en ses ombres me mene:
Mes pas or sur les pas d'Aristote imprimant,
Ie priue d'Elemens le doré firmament,
I'en bani tout mélange : & croi que la puissance
De Dieu la façoné d'une cinquiéme Essance:
Veu que les Elemens poussent directement,
Deux en haut, deux en bas, leurs diuers mouuement:
Mais la course du Ciel, sans qu'ele se détourne
A coté haut, ou bas, touiour en rond se tourne.
  Leur cours n'est éternel : ains s'arréte en ce lieu,
Qui pour siege éternel leur fut éleu de Dieu:
Mais le Ciel azuré, sans iamés prendre haleine,
Poste, poste sans fin d'une course certaine:
Il va touiour d'un train, & meu d'un fais sans fais,
Il ne sait point que c'est de cheuaus de relais.
  Les cors où sont unis l'Eau, l'Ær, le Feu, la Terre

H

Sont sans cesse agités d'une intestine guerre,
Qui cause auec le tans leur vie & leur trépas,
Leur croitre, & leur décroitre : & qui ne permet pas
Que sous l'Astre cornu préque pour vn quart d'heure
En vn méme sujet vne forme demeure:
Mais le Ciel ne connoit des Parques la rigueur:
Croissant d'ans il ne croit de cors, ni de vigueur:
L'vsage long ne l'vse : ains sa verte vieillesse
Est en tout & par tout semblable à sa ieunesse.

 Puis soudain reuenant disciple studieus
De l'Attique Platon, ie les mé dans les Cieus
C'est la Terre qui fét de ces parceles dures,
Et visibles leurs feus, & fermes leurs Cambreures.
L'ær les fét transparans, la flame rend legers,
Chaus, prons, & lumineus leurs cercles passagers.
Et les ondes oignant les bors dont s'entrebaisent
Leurs globes tornoians, d'vne humeur froide apaisent
La chaleur, qui naissant de leurs prons mouuemens,
Ne feroient qu'vn brandon de tous les Elemens.

 Non que ie face égaus les cors, dont ie compose
Ce Cors, qui de son Rond embrasse toute chose,
A ces lours Elemens, qu'ici bas les humains
Et voient de leurs yeus, & touchent de leurs mains.
Ils sont tous beaus, tous purs : vne sainte harmonie
D'vn eternel lien tient leur substance vnie:
L'ær est priué de cours, le feu d'embrasement,
De pesanteur la terre, & l'eau d'écoulement:
Ils ne sont tant soit peu l'vn à l'autre funestes.
Et, pour le dire court, ils sont du tout Celestes.

           Voila

Voila iusqu'où s'étand la superbe fureur
Des homes aueuglés d'ignorance & d'erreur,
Qui come s'ils auoient mile fois calcinée
La matiere d'enhaut, d'vne langue effrenée
Osent acertener sans preuue & sans raison,
De quel bois l'Eternel charpenta sa maison.
  Or cent fois i'aime mieus demeurer en ce doute,
Qu'en errant fére errer cil qui mes chans écoute:
Attendant qu'vn saint Pol redescende des Cieus:
Ou bien, que déchargé du manteau vitieus
De ce rebelle cors, qui mon ame sans cesse
D'vn pesant contrepois en-bas presse & represse,
Moi-méme i'aille voir les beautés de ce lieu:
Si lors ie veus rien voir que la face de Dieu.
  Mais tout autant, ou plus, eZ écoles morteles
Pour le nombre des Cieus s'émeuuent de quereles:
Cétui-ci n'en croit qu'vn, dont la mole épesseur
Fét largue aus Astres clers qui fendent son azur,
Ainsi que les poissons d'vne glissante échine
Coupent qui çà, qui là les flôs de la marine.
L'autre fésant par l'œil vn certain iugement:
Et voiant set flambeaus poussés diuersement
L'vn çà, l'vn là courir: d'autre-part que le reste
Des brandons, qui la nuit dorent le front Celeste,
Marche d'vn méme train, diuise, ingenieus,
En huit étages ronds le bâtiment des Cieus.
Et l'autre & l'autre encor remarquant en la dance
Du plus étoilé Ciel vne triple cadance:
Et qu'vn cors n'a qu'vn cours qui lui soit naturel,

H ij

En content neuf,ou dix : sans sous vn nombre tel
Comprendre l'Empirée,où sans cesse ruisselent
Les fleuues de Nectar,où sans fin s'amoncelent
Plaisirs dessus plaisirs : où lon voit en tout tans
Fleurir heureusement les beautés d'un printans:
Où vit touiour la vie : où Dieu tient ses assises,
Cerné de Seraphins,& des ames acquises
Par le sang de ce Cors,dont le vol glorieus
Iadis logea plus haut la terre que les Cieus:
Car aussi ie ne veus que mon vers se propose
Pour suiet le discours d'une si haute chose.

 O beau Rond cinq fois double,ennemi du sejour,
Vie de l'Vniuers,sacré pere du Iour,
Sacré pere de l'an, de toi-méme modele,
Qui ne changes de place,& toutefois ton æle
Sur nous vole si tôt que nôtre entendement
Seul peut,come tien fis,suiure ton mouuement,
Infiniment fini,franc de mort,d'accroissance,
De discord,de langueur,aime-son,aime-dance,
Toujour semblable à toi,tout à toi,tout en toi,
Cler,transparant,leger,du bas monde la loi,
Qui bornes non borné d'vn grand tour toute chose,
Qui tiens toute matiere en toi,ou sous toi close,
Trône du Tout-puissant,volontiers dans ces vers
Ie chanteroi les lois de ton branle diuers,
S'il étoit encor tans,& ma plume errenée
N'auoit peur d'alonger par trop céte iournée.
Encor,encor ie crain que quelque médisant
Aille de troupe en troupe à l'auenir disant,

Que

Que ma Muſe langarde à châque vent fét voile,
Tiſſant fil contre fil pour alonger ſa toile.
  Mais quiconque tu ſois, ſouuien toi qu'en ce lieu,
I'amoncele à bon-droit tant d'ouurages de Dieu:
D'autant que par le tour de la grande ETANDVE,
Que l'Eternele main a ce iourd'hui penduë
Entre les eaus d'embas, & les eaus de là-haut,
I'entan les Cieus, les Ærs, & l'Element plus chaud,
Qui ſeparent des eaus de la mer azurée
Celes que Dieu cola ſur la voûte Ætherée.
  Or ie n'ai point ſi peu fueilleté les Ecris
Qui pour leurs beaus diſcours ſont ore en plus grans pris:
Que i'ignore combien les plus ſauantes plumes
Par ſubtils argumens oſent dans leurs volumes
Brocarder ce Criſtal, épancher tous ces flôs:
Tarir cét Ocean qui clot tout de ſon clos.
  Mais come les beaus tréts d'vne Dame modeſte,
Qui contante des dons que la faueur celeſte
Lui donc à pleine main, par geſtes, ou par fard
N'augmante ſa beauté aſſés bele ſans art,
Merite vn plus grand los, que l'œillade impudique,
Le maintien aſſété, la démarche lubrique,
La fauſſe cheuelûre, & le teint empronté,
Dont vne Cortizane embélit ſa beauté.
Auſſi ie tien plus cher le celeſte langage,
Bien qu'il retienne plus du ruſtique ramage
Que de l'école Attique, & que la Verité
Soit l'vnique ornement de ſa diuinité:
Que ces fardés diſcours, dont les plus doctes plumes,

H iij

Pour nous paitre de vent, emmiélent leurs volumes.
   I'aime mieus ma raiſon démantir mille fois,
Qu'vn ſeul coup démantir du ſaint Eſprit la vois,
Qui crie en tant de pars que ſur les voûtes rondes
Du Ciel il a rangé ie ne ſçai queles ondes:
Ou ſoit que de cete eau l'étrange qualité
Auec les baſſes eaus ait peu d'affinité:
Soit que, fete vapeur, d'vn tranſparent nuage,
Ele couure du Ciel le plus hautain étage:
Ou ſoit, come l'on dit, qu'vn criſtal fét autour
Du doré firmament embraſſe tout le tour,
Et pourquoi, combatu de coniectures vaines,
Donrai-ie arrét certain ſur preuues incertaines?
   De-moi, ie ne voi point, pourquoi le ſens humain
Ne croit que celui-là, dont la puiſſante main
Pour paſſer à pié-ſec de Iacob les Batailles
Iadis vne grand mer roidit en deux murailles,
Ait peu ſi ſeurement cindrer tant & tant d'eaus
Sur les cercles roüans du Ciel porte-flambeaus.
   A toute heure tu vois tant de mers dans les nuës,
Qui, menaçans nos chefs, ne ſont point ſoutenuës
Que d'vn ær ſecoué de cent venteus abois,
Et qui, foible, ne peut ſoufrir le moindre pois.
Tu vois que céte mer, qui cerne ce bas Monde,
Maugré tout accident demeure touiour ronde,
Sans que ſes flôs pendans entreprenent iamés
Paſſer, pour s'aplanir, leurs bors accoutumés:
Si ne crois tu pourtant que le Ciel voûté puiſſe
Soûtenir vne mer, de qui l'onde ne gliſſe

Par

Par la pante du globe? ô cœur incirconcis!
Pense au moins que c'est Dieu, qui tient ces flôs assis
En si grillante part: pense & repense encore,
Que ce palais superbe, où tu commandes ore,
Bien que fét d'vn grand art, fut tombé vitement,
S'il n'eut eu pour plancher vn humide Element:
Car come le cerueau tient la plus haute place
Du petit Vniuers, pour de sa moite glace
Des parties d'embas la chaleur attiedir:
Dieu, pour des Cieus plus bas les flambeaus refroidir,
D'vn art vraiment diuin logea ce iourd'hui l'onde
Au lieu plus eminant du veritable Monde.

Ces eaus, come l'on dit, iointes aus basses eaus
Des mons plus sorcilleus dérrobant les copeaus,
Eussent noyé ce Tout, si, triomfant de l'onde,
Noé n'eut come enclos dans peu d'arbres le Monde,
Bâtissant vne nef, & par mile trauaus
Conseruant là dedans tout genre d'animaus.

Ils n'i furent entrés, que dans l'obscure grote
Du mutin Roi des vens le Tout-puissant garrote
L'Aquilon chasse-nuë, & met pour quelque tans
La bride sur le col aus forcenés Autans.
D'vne æle toute moite ils comencent leur course:
Châque poil de leur barbe est vne humide source:
De nuës vne nuit enuelope leur front:
Leur crin débagoulé tout en pluyes se fond:
Et leurs dextres pressant l'épesseur des nuages,
Les rompent en éclers, en pluyes, en orages.

Les torrens écumeus, les fleuues, les ruisseaus,

S'enflent en vn moment. Ia leurs confuses eaus
Perdent leurs premiers bors : & dans la mer salée,
Rauageant les moissons, courent bride-aualée.
La terre tremble toute,& tressuant de peur,
Dans ses veines ne laisse vne goute d'humeur.
Et toi,toi-méme,ô Ciel,les écluses débondes
De tes larges Marés pour dégorger tes ondes
Sur ta Sœur,qui viuant & sans honte & sans loi,
Se plaisoit seulement à déplaire ton Roi.

   Ia la terre se perd : ia Nerée est sans marge:
Les fleuues ne vont plus se perdre en la mer large:
Eus-méme sont la mer : tant d'Oceans diuers
Né font qu'vn Ocean : méme cét Vniuers
N'est rien qu'vn grand Etang,qui veut ioindre son onde
Au demeurant des eaus qui sont dessus le Monde.

   L'Estourgeon côtoiant les cimes des Chateaus
S'émerueille de voir tant de tois sous les eaus.
Le Manat,le Mular s'alongent sur les croupes
Où n'aguere broutoient les sautelantes troupes
Des Cheures porte-barbe : & les Daufins camus
Des arbres montaignars raZent les chefs rameus.

   Rien ne sert au Leurier,au Cerf,à la Tigresse,
Au Lieure,au Caualot,sa plus vite vitesse:
Plus il cherche la terre,& plus & plus,helas!
Il la sent,effraié,se perdre sous ses pas.

   Le Bieure,la Tortuë,& le fier Crocodile,
Qui iadis ioüissoient d'vn double domicile,
N'ont que l'eau pour maison. Les Lous,& les Agneaus,
Les Lions,& les Dains voguent dessus les eaus.

Flanc

Flanc à flanc sans soupçon. Le Vautour, l'Irondelle,
Apres auoir long tans combatu de leur æle
Contre vn certain trépas : en fin tombent lassés
(N'aians où se percher) dans les flôs courroucés.
 Quant aus poures Humains, pense que cétui gaigne
La pointe d'vne tour, l'autre d'vne montagne :
L'autre, pressant vn Cedre or des piés or des mains,
A boutées grauit au plus haut de ses rains.
Mais las ! les flôs montans à mesure qu'ils montent,
Soudain qu'ils font arrèt, soudain leur Chef surmontent :
 L'vn sur vn aiz flottant, hazardeus, se commet,
L'autre vogue en vn cofre, & l'autre en vne met :
L'autre encor mi-dormant sent que l'eau débordée
Sa vie & son châlit rauit tout d'vne ondée :
L'autre de piés, & bras, par mesure ramant,
Resiste à la fureur du flot, qui frèchement
A son flanc abima ses germaines, sa Mere,
Le plus cher de ses fis, sa compagne, & son Pere.
Mais en fin il se rend, ja las de trop ramer,
A la discretion de l'indiscrete mer.
 Tout, tout meurt à ce coup : mais les Parques crueles,
Qui iadis pour racler les choses les plus beles
S'armoient de cent harnois, n'ont ores pour bourreaus
Que les effors baueus des boüillonnantes eaus.
 Tandis la sainte Nef sur l'échine azurée
Du superbe Ocean nauigoit asseurée :
Bien que sans mât, sans rame, & loin, loin de tout port :
Car l'Eternel étoit son Pilote & son Nort.
 Trois fois cinquante iours le general naufrage

Rains & Rain-ceaus, mots anciés, pour Raincaus

I

Dégâta l'Vniuers. En fin d'vn tel rauage
L'Immortel, s'émouuant, n'eut pas foné fi tôt
La retréte des eaus, que foudain flot fur flot
Elles gaignent au pié. Tous les fleuues s'abaiſſent.
La mer r'entre en prifon. Les montaignes renaiſſent.
Les bois montrent déia leurs limoneus rameaus:
Ja la campagne croit par le décroit des eaus.
Et bref la feule main de Dieu darde-tonnerre
Montre la Terre au Ciel, & le Ciel à la Terre:
Afin qu'il vit encor la Panchaïque odeur
Fumer fur les autels facrés à fa grandeur.

 O Dieu! puis qu'il t'a pleu tout de méme en nôtre âge
Sauuer ta fainte Nef du flot & de l'orage,
Fai que ce peu d'Humains, qui s'apuient fur toi,
Croiſſent de méme en nombre, & plus encor en foi.

F I N.

TROISIEME IOVR
DE LA SEPMAINE DE G.
DE SALLVSTE, SEIGNEVR
du Bartas.

On Esprit qui voloit par les brillātes voûtes,
Qui vont tout animant par leurs diuerses
   routes:
Qui commandoit aus vens, aus orages sou-
   freus,
Aus éclers flamboians, aus images affreus,
Qui s'engendrent en l'ær, d'un langage assés braue
Pouuoit hier discourir sur un sujet si graue.
Mais razant or le front du plus bas Element,
Il est come contreint de parler bassement:
Ou s'il parle un peu haut, sa vois est emportée
Par les ondeus abois de la Mer irritée.
  O Roi des Chams flotans! ô Roi des Chams herbeus!
Qui du vent de ta bouche ébranles, quand tu veus,
Le fondement des mons, & les vagues salées
Pousses contre l'azur des voûtes étoilées,
Fai que, docte Arpenteur, ie borne iustement
Dans le cours de ce iour l'un & l'autre Element.
Fai que d'un vers disert ie chante la nature
Du liquide Ocean, & de la Terre dure:

I ij

Que d'un stile fleuri ie décriue les fleurs,
Qui peindront ce iourd'hui les chams de leurs couleurs.
 Tous ces Mons escarpés, dont les cimes cornuës
Voisinent l'épesseur des vagabondes nuës,
Sous les flôs premiers-nés cachoient leurs dos bossus:
Et la terre n'étoit qu'un Marés paresseus.
Quand le Roi de ce Tout, qui, liberal, desire
Nous bailler come à fief du bas Monde l'Empire,
Commanda que Neptun', rengeant à part ses flôs
Découurit promtement de la terre le dos.
Et qu'il se contentât que ci-deuant son onde
Auoit un iour entier occupé tout le Monde.
 Come, apres que le Ciel s'est en pleurs tout fondu,
Le flot baueusement sur la plaine étandu,
Fét des chams une mer : puis cessant tous rauages,
D'un inuisible pas quitte les labourages
Du beuf tirasse-coûtre, en soi-méme se boit,
Et rétreint sa largeur dans un canal étroit:
La mer quitte ce iour montaigne apres montaigne,
Coûtaut apres coûtaut, campaigne apres campaigne,
Et dans le ventre creus d'un plus petit vaisseau
Entonne vitement de toutes pars son eau:
Soit que le Tout-puissant fit de nouueaus espaces
Pour y loger ces flôs : soit qu'ouurant les creuasses,
Et des mons, & des chams, il lui pleut d'enfermer
Sous terre quelque bras d'une si large mer:
Soit que pressant ces eaus, dont les rares broüées
Sembloient couurir ce Tout d'un manteau de nuées,
Il les emprisont dans les bors sablonneus.

Contre

Contre qui l'Ocean ront or ses flôs ébeneus,
Sans les oser franchir. Car la vertu Diuine
Connoissant sa nature inconstante & mutine,
L'emboucha de ce frain,& contre ses fureurs
Rempara pour iamés l'Element porte-fleurs:
Si qu'on voit quelquefois des vagueuses montaignes,
Qui d'un flot abaiant menacent les campaignes,
Se perdre en blanche écume : & se creuant au bord,
N'oser rien attanter hors leur moite Ressort.
 Et qu'est-ce qu'en la Mer pouuoit étre impossible
A ce grand Amiral, de qui la vois terrible,
Pour sauuer son Isac, les abimes fendit,
Et du goulfe Erytrée en l'aer l'onde pendit?
Qui droit vers le cristal de sa iumele source
Du fleuue Palestin fit rebrousser la course?
Le rebelle Vniuers abima sous les eaus?
Et d'un Roc sans humeur fit couler des ruisseaus?
 Voila donques coment la pesanteur de l'onde
Fit d'un oblique tour une Isle, de ce monde.
Car ainsi que le plomq́ue, boüillant, nous versons
Dessus un cors égal, coule en maintes façons:
S'enfuit ici tout droit, là serpentant se ioue,
Ici son cors diuise, & delà le renoue,
De ses chaus ruisselets préque en méme moment,
Dessus l'uni tableau toutes formes formant:
Dieu répandit les flôs sur la terre feconde
En figure quarrée, oblique, large, ronde,
En piramide, en croix, pour au milieu de l'eau
Rendre nôtre vniuers & plus riche & plus beau,
          I iij

Tel est le bras Germain, tel le sein Gangetique,
Tel l'Arabe Neptun', telle le goulfe Persique,
Et tele nôtre Mer, dont les rameaus diuers
En trois lots inegaus partagent l'Vniuers.

 Et bien que châque bras, pour si loing qu'il s'épande,
Ne soit qu'vn ruisselet au pris de la mer grande:
Il fét cent autres mers par ses tours & détours,
Non diuerses de flôs, ains de nom & de cours:
Pour, moites, humecter par des secretes veines
La trop séche épéſſeur des campagnes prochaines.
Pour remparer maint puple, & des Princes plus fors
Arréter tout d'vn coup les superbes effors:
Pour d'éternels confins borner les republiques:
Pour plus commodément exercer les trafiques:
Pour abreger chemin, & par l'aide du vent
Aprocher dans vn mois le Ponant du Leuant.

 Mais la terre ne doit à la mer Oceane
Ces grands mers seulement: ele lui doit la Tane,
Le Nil tresor d'Egypte, & son voisin qui perd
Tant de fois son humeur par le vague Desert.
Ele lui doit le Rhin, le Danube, l'Euphrate,
Et l'autre orgueilleus fis de la froide Niphate,
Le Gange spacieus, & ce flot de renom,
Qui l'Inde matiniere a nommé de son nom,
Le Tage au flot doré, la Tamise, le Rône,
Le Rha, l'Ebre, le Po, la Seine, & la Garone,
Garone qui si fort s'enflera de mes vers,
Que, peut estre, son bruit s'orra par l'Vniuers.

 Le plus sec Element tient d'elle ses fonteines,

Et

Et le cristal qui court dans ses profondes veines:
Et puis en tans & lieu, non-ingrat, il lui rend,
En deux sortes l'humeur qu'en deux sortes il prend.
 Car come en l'alambic la braise soufletée
Eleue vne vapeur, qui peu à peu montée
Au somet du chapeau, &, moite, ne pouuant
Sa flairante sueur faire aler plus auant,
Molement s'épéssit : puis tombant goute à goute,
Claire come cristal dans le verre s'égoute:
La plus subtile humeur qui flote dans les Mers
Est des raiz du Soleil portée par les ærs,
Qui se resond en eau, & par routes diuerses
Dans le sein maternel se ioint aus ondes perses:
 Car la Terre alterée aiant passé ces eaus,
Par le boiuard Tamis de ses caués boyaus,
Lui fét largue à la fin, & des roches hautaines
Fét sourcer iour & nuit mile viues fonteines:
Des fonteines se font les ruisseaus murmurans:
Des murmurans ruisseaus, les rauageurs torrens:
Des torrens rauageurs, les superbes riuieres:
Des riuieres se font les ondes marinieres.
 Les rochers plus voisins de l'astré firmament
Contribuent, négeus, à cét accroissement:
Car si tôt que Titan renouuelant sa peine,
Sur les gelés climats le beau printans r'amene,
De leur dos inégal il fond les blancs monceaus:
Leurs coupeaus se font verts : deçà delà les eaus
Bruiant sautent en bas : &, courant, écumeuses
Par les détrois pendans des montagnes pierreuses

Font cent & cent torrens, dont l'vn aperceuant,
Que son frere germain veut gaigner le deuant,
Diligentant ses pas auec lui s'associe:
Vn autre, vn autre encor auec lui se r'alie
Courant méme quarriere, & sans perdre perdant,
Ensemble flot, & non dans vn fleuue plus grand:
Ce grand fleuue se perd dans vn fleuue plus large,
Qui, Roi de la campagne, à la parfin décharge,
Suiuant le rendés-vous doné par l'Eternel,
Dans quelque bras de mer son tribut parannel.

 Et toutefois tant d'eaus, qui courent dans Nerée,
De Nerée ne font croitre l'onde azurée:
Car outre que ces flôs tous assemblés en vn
Sont moindres qu'vne goute au prix du grand Neptun:
Phœbus, come i'ai dit, & la bande Æolide
Baloiant tout le front de la campaigne humide,
En hument peu à peu tout autant que les ærs
Et la terre abreuuée en versent dans les mers.

 Mais come le Frisson, la Chaleur, la froidure,
Le craquement des dens, que le fieureus endure,
Ne vienent à l'hazard: ains par ordre & par tans
Troublent du foible cors les membres tremblotans.
La mer a ses accés, & manie a-passades
Des rades à la terre, & de la terre aus rades:
Ou soit que l'Ocean deZ le commencement,
Poussé du bras de Dieu, ait pris ce mouuement,
Qui fét que tant soit peu iamés il ne seiourne:
Come la piroüete, animée, se tourne:
Bale en rond de soi-méme, & reçoit longuement,

           Vertu

Vertu par la vertu du premier mouuement :
Ou soit que céte mer, qu'Athlantique on apele,
De la plus grande mer ne soit qu'vne parcele,
Et que son flot entrant dans le large fossé
Du plus haut Ocean, s'ahurte, courroussé
Contre des mons pierreus, dont la force solide
Repoussant ses effors, lui face tourner bride.
Ou soit que le Croissant, qui verse son pouuoir
Sur les humides cors, la face ainsi mouuoir.
 Et de-fét sur nos bors on voit monter Neptune
Si tôt qu'en nôtre Ciel on voit monter la Lune :
On le voit refloter, soudain que le Croissant
Par la pante du Ciel vers l'Espagne descend :
Puis si tôt que son front constant en inconstance
Dessus l'autre Horizon reparoitre commence,
Qu'il ressort en campagne : & quand son feu penchant
Passe l'autre Midi, qu'il se va recachant.
 Qui plus est, nous voions que la mer Athlantique
Se déborde plus loin, que ni la Ligustique,
Ni la Bosphoriene : & qu'encor les Palus,
Qui naissent de la mer, n'ont ni flus ni reflus :
D'autant, come l'on dit, que l'Etoile argentine
Qui déborde & resserre à son gré la marine,
Verse dessus les flôs de montagnes bornés,
Ou de trop proches bors de toutes pars cernés,
Auec moins de pouuoir, le pouuoir de ses cornes,
Que sur vn Ocean qui semble étre sans bornes
Come au cœur de l'Æté, si l'Antre Æolien
Detient captifs les vens, le flambeau Delien

K

Séche plus aisément les ouuertes campaignes,
Que les valons murés des chenuës montaignes.
 Que si du grand Neptun le boüillonant débord
Ne s'aperçoit si bien en pleine Mer, qu'au bord :
Il en est tout ainsi que du pous de nos veines,
Qu'on sent plus aisément eZ parties lointaines,
Qu'au milieu de son cors. Or le Roi des Flambeaus
N'a pas moins de pouuoir que sa Sœur sur les eaus.
Car le Soleil cuisant de sa chaude lumiere
Les flôs porte-bateaus de la Mer poissoniere,
Et par ses rais gloutons de iour en iour humant,
Tout le breuuage dous du plus froid Element,
Dans le large canal d'Amphitrite il ne laisse
Qu'vn sel toujour-flottant, qu'vne boisson épesse,
Qu'vne amere liqueur. Mais voi, come la Mer
Me jete en mile mers, où ie crain d'abimer ?
Voi come son débord me déborde en paroles ?
Sus donq gaignons le port, & sur les riues moles
Des fleuues, des étans, des lacs, & des ruisseaus,
Contemplons les effets de leurs puissantes eaus,
Et qui pour la plus-part d'incroiables merueilles
Rauissent nos espris, nos yeus, & nos oreilles.
 La fonteine d'Amon, lors que Phœbus nous luit,
Est plus froide que glace : au contrére la nuit,
Bien que le froid Croissant sur sa face raïone,
Come l'eau dans le pot, fumante elle boüillone.
 On tient pour tout certain que les feuilleus rameaus,
Qui, fracassés du vent, tombent dessus les eaus
D'Eurimene, ou Silare, à la fin s'endurcissent :

Et

DE SALLVSTE.

Et feuille, écorce, & bois en rocher conuertiſſent.
 Hé! pourroi-ie oblier, qu'vn Paleſtin ruiſſeau
Tarit, religieus, chȃque Sabat ſon eau,
Ne voulant que ſon Flot trauaille en la iornée
Par les diuines Lois au Repos déſtinée?
 Si l'amoureus Berger entonne vne chanſon
Pres de l'onde Eleuſine, elle s'égaïe au ſon
De la douce Muſete, elle boȗt, elle dance,
Suiuant de point en point la ruſtique cadance.
 Le Cephis, la Cerone, & le Xante au flot dous,
Le troupeau qui le boit fét blanc, noirȃtre, rous:
Tout ainſi que l'humeur d'vne Arabe fonteine
Proche des Rouges Mers rend rougeatre ſa laine.
 Flȏs de Sole voiſins, & toi ſurgeon Andrin,
D'où pouués vous tirer & cét huile, & ce vin,
Que chȃque an vous verſés? As tu point ſi feconde,
O Terre, la poitrine? Y a t'il ſous le Monde
Vignoble & Vergers? exerce t'on là-bas
Et l'état de Bachus, & l'état de Pallas?
 Que dirai-ie de toi, ȏ fonteine Sclauone?
Que dirai-ie de toi, ȏ ſource de Dodone?
Dont l'vne ard les drapeaus, l'autre, ȏ merueille! éteint
Le brandon allumé, & le r'alume éteint?
 Vraiment ie coucheroi ces vertus admirables,
Au regitre menteur des plus abſurdes fables
Sans cét humble reſpet que, nouice, ie doi
A cent & cent Témoins d'irreprochable foi:
Et ſi des Portugais les Pilotes auares
N'auoient treuué des eaus en merueille plus rares

K ij

De ce nombre infini, dont quelque ambitieus
Groſſiroit volontiers ſon liure induſtrieus,
Il me plait d'en choiſir ez terres plus étranges
Quatre ou cinq ſeulement non moins vraies, qu'étranges.
   Dedans l'Iſle de Fer (vne de celes-là,
Qu'heureuſes à bon droit le vieil ſiecle apela)
Le puple mi-brutal iour & nuit ne s'abreuue
Des eaus d'vne fontaine, ou des ondes d'vn fleuue:
Sa boiſſon eſt en l'ær : la ſource de ſon eau
Git ez pleurs aſſidus d'vn humide arbriſſeau:
Arbriſſeau qui fichant ſa racine barbuë
En vn champ ſans humeur, fét que ſa fueille ſuë
Vne douce liqueur : & come le ſarment,
Qu'on a taillé trop tard, pleure argenteuſement,
Mainte perle glacée: ele verſe ſans ceſſe
Goute à goute vne eau clére, où la Barbare preſſe
Accourt de toutes pars : ſi que tous ſes vaiſſeaus
Ne peuuent vn ſeul abre épuiſer de ruiſſeaus.
   On treuue deux ſurjeons en l'Iſlandoiſe terre,
Dont l'vn s'écoule en cire, & l'autre change en pierre
Tout cors qui choit dedans, bien que ſon flot trop chaud
Regorge inceſſáment mile boüillons en haut.
Dans le doré Peru, non loing de ſainte Helene
Ie ne ſçai quele poix coule d'vne fontene.
   Et que dirai-ie plus ? C'eſt ce Monde nouueau,
Qui porte vers Ponant maint fleuue, de qui l'eau
Connoiſſant mieus que nous quel eſt le droit vſage
Du iour treine-beſoigne, & du frilleus ombrage
De l'otieuſe nuit, court roide tout le iour:

Et

Et vit toute la nuit en paresseus seiour.

 Diuin Ingenieus, ie crein que l'on m'estime
Ialous de ton honneur, si mon ingrate Rime
Méprise tant de flôs courans par le bitum,
Le Soufre pallissant, le Salpétre, & l'Alum :
Qui, d'vne tiede ardeur, sans Medecin guerissent
Mile sortes de maus, qui nos cors enuieillissent
En l'Auril de leur âge, & d'vn puissant éfort
Tâchent d'antidater l'arrét de nôtre mort.

 Or come ma Gascogne heureusement abonde
En soldats, blés & vins, plus qu'autre part du Monde :
Ele abonde de méme en Bains non achetés,
Où le puple étranger accourt de tous cotés :
Où la feme brehaigne, où le paralitique,
L'vlceré, le gouteus, le sourd, le sciatique,
Quittant du blond Soleil l'vne & l'autre maison,
Treuue sans débourser sa pronte guerison.

 Vous m'en serés témoins, vous ô Bains saluteres
De Cauderés, Barege, Aigues-caudes, Baigneres,
Baigneres la beauté, l'honeur, le paradis,
De ces mons sorcilleus, dessus lesquels iadis
Le Thebain tu-geant, l'inuaincu fis d'Alcméne
Engrossa, come on dit, la princesse Pyréne
Du pere des Gascons, qui par fèts genereus
Se montrent dignes fis d'ayeul si valeureus.

 Les mons enfarinés d'vne nége éternele
La flanquent d'vne part, la verdure immortele
D'vne plaine qui passe en riante beauté
Le valon Penean, la ceint d'autre coté :

K iij

Elle n'a point maison qu'il ne semble être neuue :
L'ardoise luit par tout : Châque rue a son fleuue
Qui cler, come cristal, par la vile ondoiant,
Va toute heure qu'on veut le paué baloiant.
Et bien qu'entre son flot aussi froid que la glace
Et le Bain chasse-mal il y ait peu d'espace :
Il retient sa nature : & ne veut, tant soit peu,
Mélanger, orgueilleus, son froid auec son feu.

 Or Dieu n'emploia point moins d'art, & de sagesse
A separer les chams de la mer floteresse :
Que de sacré pouuoir, lors que si prontement
Sa dextre fit de rien l'un & l'autre Element.
Car l'un ne se pouuant maintenir sans breuuage,
Ni l'autre sans appui, sans canal, sans riuage :
Dieu les entrelassa : si que la terre ouurant
Son sein à l'Ocean, & l'Ocean courant
A trauers, à l'entour, & sous la terre ronde,
De tous deux se parfét le moyeu de ce monde.

 Car si leurs cors mélés n'occupoient le milieu
De la ligne, qui sert à l'Vniuers d'Essieu,
Tous Climâs ne verroient mise sur la Balance,
Pour contrepois du iour, la Mere du Silence.
Le tour de l'Horizon, mal-parti, s'étendroit
Beaucoup ou plus ou moins en l'un qu'en l'autre endroit.
Les Antictons, ou nous verrions au Ciel insignes
Reluire en méme nuit plus de deux fois trois Signes,
La Lune en tans certain là-haut n'eclipseroit,
Et le Ciel débauché les saisons troubleroit.

 Cela méme suffit pour montrer que de l'onde,

Et

Et du sec Element la Masse est toute ronde:
Que ce n'est qu'un éteuf, qui come fét autour
Voit le iour & la nuit s'entresuiure par tour:
Voire quand un Vespuce, un Colom, un Marc Pole,
Et cent autres Thyphis n'auroient sous autre Pole
Conduit le Pole Arctique, & viuans sur les eaus,
Treuué dessous nos piés tant de Mondes nouueaus.
 Non, ils n'eussent iamés perdu la Tramontane
Pour voir l'autre Piuot, si la mer Oceane,
Pour fére entierement un globe auec sa Sœur,
De tous & tous endrois ne courboit son humeur.
 Mais, ô parfét Ouurier, qui rien en vain n'essayes,
Auec quels arboutans, ou de queles étayes
Peus tu si dextrement étançoner cét eau,
Qu'ele n'a peu depuis se remetre à niueau?
 O Dieu! seroit ce point d'autant que touiour l'onde
Tend de son naturel vers le centre du Monde:
Et que les flôs salés vers le fons de ce fons
Voulans tomber à-plom, demeurent touiour rons?
Ou bien seroi-ce point pour autant que les riues
Dans leurs superbes flancs tienent leurs eaus captiues:
Et que nos Oceans sont come soûtenus
De mile rocs semés entre leurs flôs chenus?
Ou bien seroi-ce point (Hé! vraiment ie le pense)
Ta main qui les retient d'absoluë puissance?
 O grand Dieu! c'est ta main, c'est, sans doute, ta main
Qui sert de Pilotis au domicile humain.
Car bien qu'il pende en l'ær, bien qu'il nage sur l'onde,
Bien que de toutes pars sa figure soit ronde,

Qu'autour de lui tout tourne, & que ses fondemens
Soient sans cesse agités de rudes mouuemens:
Il demeure immobile, afin que sur sa face
Puisse heberger en paix de Dieu la sainte Race.
 La Terre est cele-là qui reçoit l'home né,
Qui Receu le nourrit, qui l'home abandoné
Des autres Elemens, & bani de Nature,
Dans son propre giron, humaine, ensepulture.
 On voit l'ær maintefois mutiné contre nous:
De fleuues le débord déploie son courrous
Sur les fréles mortels, & la Flame celeste
Aussi bien que la basse est à l'home funeste.
 Mais des quatre Elemens, le seul bas Element
Touiour touiour se montre enuers l'home clement.
C'est lui seul qui iamés, tant soit peu, ne déplace
Du siege qui lui fut assigné par ta grace.
 Bien est vrai toutefois, ô Dieu, qu'étant faché
Des execrables mœurs d'vn puple débauché,
Souuent ta main colere éloche vne parcele,
Et non le cors toutal de la terre rebelle,
S'aidant des Aquilons, qui come emprisonés
Dans ses creus intestins, gromelent, forcenés.
La peur gele nos cœurs, & blémit nos visages:
Le vent sans fere vent fét trembler les bocages:
Les tours croulent de peur : & l'Enfer irrité
Engloutit quelquefois mainte riche Cité.
 Puis que donques le Tas de la terre & de l'onde
Est le centre, le cœur, le nombril de ce Monde.
Et puis que par raison l'enclos iamés n'est pas

Si grand que celui-là qui l'enclot de ſes bras,
Qui doute que le rond de la Terre, & de l'onde
Ne cede, come moindre, aus autres ronds du Monde?
　En iuge qui voudra : céte baſſe rondeur
De qui nous admirons l'infinie grandeur,
Ne ſemble être qu'vn point, au pris de céte voûte,
Qui fét que tous les Cieus, forcés, ſuiuent ſa route,
Veu que le moins brillant des brandons que nos yeus
Voient éparſement flamboïer dans les Cieus
(Aumoins ſi le compas des Aſtrologues n'erre)
Neuf & neuf fois encor eſt plus grand que la Terre.
　Que ſi nous ſupputons ce que la Mer d'Athlas,
L'Indoiſe, l'Erytrée, & mile de leurs bras
Auec tant d'autres eaus occupent de ce globe,
Et ce qu'vn Ciel trop chaud, ou trop froid en derrobe:
Ce peu deuiendra Rien. Humains voila le lieu
Pour qui vous mépriſés le ſaint Palais de Dieu.
Voila de quels confins vôtre plus grande gloire
Limite de ſes fets la ſuperbe memoire.
　Vous Princes, qui couurés les campaignes de mors
Pour d'vn trauers de poil borner plus loin vos bors:
Magiſtrâs corrompus, Iuges qui ſur vos chaires
Metés ſordidement la Iuſtice aus enchaires:
Qui trafiquant le Droit profanés vos Etats
Pour laiſſer vne bléte à vos Enfans ingrats.
Vous qui fétes produire vſures aus vſures.
Vous qui falſifiés les pois & les meſures,
Afin que deux cens bœufs à l'auenir pour vous
Le ſoc briſe-gueret tiraſſent de leurs cous.

L

Et vous, & vous encor, qui pour sans titre acquerre
Dessus vôtre voisin quelque pouce de terre,
D'vne main sacrilege, à l'emblée arrachés
Les confins moitoiens par vos aïeus fichés :
Helas ! que gaignés vous ? Quand par ruse ou par guerre,
Vn Prince auroit conquis tout le rond de la terre,
Vne pointe d'aiguille, vn atome, vn festu,
Seroit tout le loier de sa rare vertu :
Vn point seroit son regne : vn rien tout son Empire :
Et si moindre que rien, rien ici se peut dire.
   Quand ce Dieu, dont le doit méme ez lieus plus cachés
A les clers écussons de ses armes fichés,
Eut separé les flos, égalé les campaignes,
Enfoncé les valons, boursouflé les montaignes :
Change, change (dit-il) ô solide Element,
Ton vêtement de dueil en vert accoûtrement.
Entortille ton front d'vne riche coronne
Qui de mes dois tissuë, & flairone, & fleurone.
Déploie ta perruque, & d'vn excellent fard
Commence d'embelir ton teint encor blafard.
Sus, sus que desormais ta fertile matrice
Ne soit point seulement de tes hôtes norrice :
Ains d'vn sein liberal fornisse d'alimens
Les futurs citadins des autres Elemens.
Si que les ærs, les flôs, & le Palais des Anges
Semblent étre ialous de tes beles loüanges.
   Il eut dit, & soudain le Sapin jete-pois,
Le resineus Larix, le Cedre Libanois,
Et le Buis tou-iour-vert se logerent par troupes

Sur

Sur les venteus somets des plus hauteines croupes.
Le Chéne porte-gland, le Charme au blanc rameau,
Le liege change écorce, & l'ombrageus ormeau
Par chams, & par coûtaus, leurs escadrons camperent.
Les fleuues tortueus leurs riuages borderent,
De l'Aune fend-Tethis, du Saule palissant,
Du verdoiant Osier, du Puplier tremoussant:
Et de maint bois qui sert aus flames de fourrage,
De cheurons aus hôtels, aus animaus d'ombrage.
 Ja le Peché velu, ja l'Orenge doré,
Le friand Abricot, & le Coing décoré
D'un blanchâtre duuet, portent sur leur écorce
Ecrite du grand Dieu la prouoiante force.
La dous-flairante Pome, & l'une & l'autre Nois,
La retrégnante Poire, & le fruit Idumois,
La Figue jette-lait, la Cerise pourprée,
L'oliue appetissante, & la Prune succrée,
Vont par tout répandant un plaisant renouueau,
Fésant de châque champ un Paradis nouueau.
 Ici le Poiure fin come en grappes s'assemble:
De là croit la Canele : ici sous Eure tremble
La muscadele Nois, qui fournit châcun an
Un publique butin aus homes de Bandan.
Déja le Succre dous, l'Ambrosie, la Manne
Croit dans les moites creus d'une Hesperide canne.
Ja le Baume larmoie : & ja les Bois fumeus
Du puple Atramitain pleurent l'Encens fumeus.
Ja la Vigne amoureuse accole en mainte sorte
D'un bras entortillé son mari qui la porte:

L ij

Vigne qui cede autant à tout abre en beauté,
Come tout abre cede à la vigne en bonté.
  Son fruit pris par compas les espris viuifie,
Enhardit vn cœur mol, les cerueaus purifie,
Réueille l'appétit, redone la couleur,
Les conduis desopile, augmente la chaleur,
Engendre le pur sang, le troublé subtilise,
Chasse les excremens, l'entendement aiguise,
E' pierre la vessie, & preserue nos cors,
Du Lethe ia voisins, de cent sortes de mors.
  Bien que par le peché, dont nôtre premier Pere,
Nous a banis du Ciel, la terre degenere
De son lustre premier, portant de son Seigneur,
Sur le front engraué l'eternel deshoneur:
Que son âge décline auec l'âge du monde:
Que sa fecondité la rende moins feconde:
Semblable à cele-là, dont le cors est cassé
Des tormens de Lucine, & dont le flanc lassé
D'auoir de ses enfans puplé préque vne vile,
Epuisé de vertu, deuient en fin sterile:
Si fornit-ele encor assés ample argument,
Pour celebrer l'Auteur d'vn si riche ornement.
  Jamés le guay printans à mes yeus ne propose,
L'azur du lin fleuri, l'incarnat de la rose,
Le pourpre rougissant de l'œuillet à maints plis,
Le fin or de Clitie, & la nége du lis,
Que ie n'admire en eus, le peintre qui colore
Les chams de plus de teins que le front de l'Aurore
Qui laissant son Tithon dans le flotant seiour,

                                        Conduit

Conduit auant-courriere eʒ Indes vn beau iour:
Ou de l'Arc qui promet aus plaines alterées
D'arroser leurs seillons de fecondes orées.

 L'Eternel non contant d'auoir paré de fleurs,
Enrichi de bons fruits, & parfumé d'odeurs
Les plantes de la terre : a méme en leurs racines,
Des humaines langueurs enclos les medecines.

 Vraiment la Parque assaut l'home en tant de façons,
Qu'il ne verroit iamés sans leurs sucs vint moissons:
Ains semblable à la fleur du lin, qui naist & tombe
Tout en vn méme iour, son bers seroit sa tombe,
Son Printans, son Hiuer, sa naissance, sa mort.

 Bon Dieu! combien d'Espris, qui ja frayent le bord
Du fleuue Stygean, r'apelés par des herbes,
De l'auare Pluton trompent les mains superbes?
Et quoi? le Fis barbu du non-barbu Phœbus
Ne recolla t'il pas de ses mastics herbeus
Le cors du Iouuenceau, qui chastement modeste,
Prefera le supplice aus douceurs d'vn inceste?
Ne raieuni tu pas en faueur de Iason,
O Reine de Colchos le gelé cors d'Æson?

 O Plantes, qui tenés en vie nôtre vie,
Et qui la r'apellés quand on nous l'a rauie,
Ce ne sont vos liqueurs éparses dans nos cors,
Qui seulement font téte à tant & tant de Mors:
Ains vôtre seule odeur, vôtre seul voisinage,
Contre dix mile assaus fortifient nôtre âge,
Produisant tant d'effés que celui seul les croit,
Qui de sa main les touche, & de son œil les voit.

             L iij

La jaune Cicorée en nôtre col penduë
Chaſſe les noirs broüillâs qui nous ſillent la veuë.
Et le Pain du porceau ne hâte ſeulement,
Quand il nous pend au col, le tard enfantement:
Ains qui plus eſt encor, ſi quelque femme enceinte
Paſſe ſur ſa racine, elle eſt préque contreinte
D'auorter ſur le lieu. Les brûlantes ſaiſons,
Le verre empoiſoné, les rampantes poiſons,
Qui dépuplent d'humains la terre Cyrenoiſe,
N'endomagent celui qui tient ſur ſoi l'Armoiſe.
 La Piuoine attachée au col d'un ieune enfant,
Domte le mal cruel, dont le fis triomfant,
D'Alcmene fut domté. Si dans ta chaude téte
L'immoderé Bacchus émeut quelque tempéte,
Cein ton front de Safran fréchement amaſſé,
Et tu verras bien-tôt cét orage paſſé.
 Les carmes enchanteurs des trompeuſes Syrenes,
Des Autans empeſtés les relantes haleines,
N'offencent tant ſoit peu cil qui tant ſeulement
A mâché l'Angelique: heureus medicament
Porté jadis çà-bas par vn Corrier celeſte,
Come ſon nom le porte, & ſa force l'atteſte.
 Ainſi la Sanguiſorbe encloſe dans la main
Boûche le flus du ſang qui ſort du cors humain.
Et la Garance teint de ſa rougeur l'vrine
De cil qui longuement porte au poin ſa racine:
Admirable Paſtel! qui touchant le dehors
Sa coleur communique aus humeurs de nos cors.
 Plantes vous n'étandés ſeulement vôtre force

Deſſus

Deſſus la race humaine : ains vôtre force force
Les plus fiers animaus, le plus ſolide fer,
Les plus noirs bataillons de l'éfroiable Enfer,
Et du Ciel flamboiant les plus belles lumieres,
S'il eſt vrai ce qu'on lit des Theſales ſorcieres.
 L'Etrangle-liépard par ſon attouchement,
Le madré Scorpion priue de ſentiment.
Ainſi que l'Elebore en le touchant réueille
Sa vitale vertu, qui pour vn tans ſomeille.
 Les Serpens, ſe voians de Bétoine cernés,
Leuent contre le Ciel leurs chefs enfelonés :
Iettent vn long ſiflet : dans leurs rouges pruneles
Allument tout d'vn coup deux ardantes chandeles :
Courent l'vn contre l'autre : & d'ire tous bouffis,
Rompant leur longue paix, ſe donent cent deffis :
Ils font entrechoquer d'vne cargue funeſte
Venin contre venin, & peſte contre peſte :
Ils ſoüillent de leur ſang les prés bleus-jaunes-vers :
Leurs cors ſont ja déja de plaïes tous couuers :
Ains ne ſont qu'vne plaïe : & la Parque cruele
Seule peut amortir l'ardeur de leur querele.
 Or come céte-ci ront les nœus d'amitié :
La Chaſſe-boſſe éteint la fieure inimitié
Des acharnés jenets, ſi leur prouoiant Métre
Durant leur chaut combat l'attache à leur cheuétre.
 Le porceau, qui reçoit ſon coûtumier repas
Dans le creus Tamaris, perd auant ſon trépas
La ratele du flanc : auſſi bien que s'il mange
Le Splene deuorant, de qui la dent étrange

Parmi tant d'intestins sait la rate choisir,
Pour d'icele souler son affamé desir.
 M'arréterai-ie ici? les Caualós qui paissent
Dessus quelque vert tertre, où les Lunaires croissent,
S'en reuont châque soir & sans fers, & sans clous
Chez leur mêtre étoné. Lunaire où cachés vous
Cét Éimant, qui le fer si puissâment attire?
Lunaire où cachés vous la tenaille qui tire
Les fers si dextrement? Lunaire où cachés vous
La Maréchale main, qui arrache les clous
Si doucement des piés? Quele forte serrure
Trompera vos efforts, si la ferme chausseure
D'vn cheual qui ne fét que peu d'arrét sur vous,
De vos subtiles dens ne garentit ses clous?
 Mais ie ne pense point que l'Vniuers enfante,
Soit ez mons, soit ez vaus, vne plus rare plante,
Que le Dictam Idois, qui par le Dain mangé,
Ne guerit seulement son flanc endommagé
Par le treit Gnosien : ains prontement reiete
Contre l'archer voisin la sanglante sagete.
 Et que dirai-ie plus? ô bon Dieu! n'est-ce pas
Vn œuure de tes mains, qu'on voit à châque pas,
Voire en châque gazon, cent & cent autres plantes
En coleur, en effet, en formes differantes?
Et que châcune encor cueillie en sa saison,
A l'vn est antidote, & à l'autre poison:
Est or cruele, or douce, &, contrere à soi-méme,
Done tantôt la vie, & tantôt la mort blême.
 Herbe du champ Tuscan, Ferule, n'é-tu pas

Le

Le dous repas de l'âne, & du bœuf le trépas?
De méme nés-tu pas, ô Ciguë rameuse,
Vtile aus étourneaus, aus homes venimeuse?
　Rosage nés-tu pas des mulets la poison?
Et toutefois tu sers d'âpre contrepoison
A l'home empoisoné? Quele cruele peste
Est plus que l'Aconite au cors humain funeste?
Et son jus toutefois guerit le mal ardant
Qu'vn serpent de sa queuë en nos cors va dardant.
　O Boisson magnanime! ô peste genereuse!
O superbe poison! ô plante dédeigneuse!
Qui tue sans escorte, & qui contre nos cors
Ne veut auec secours déploier ses effors:
Venin qui laisse en paix nos membres s'il y treuue
Quelque autre fort venin : car adonc il épreuue
Sa force contre lui : & d'vn secret duël
Fort à fort, seul à seul, cruel contre cruel,
Il combat si long tans, si long tans il étriue,
Qu'enfin meurt l'vn & l'autre, afin que l'home viue.
　O Dieu! soit que mon pié foule l'herbe des prés,
Qu'il grimpe sur les mons, ou qu'il brosse ez forês,
Ie te treuue par tout : tout veut de toi dépendre:
Tu ne fais que doner, & ie ne fai que prendre.
Ici pour mes repas mile & mile moissons
Ondoient par les chams : ici mile toisons
Dignes d'orner les cors des plus superbes Princes
Tremblent par les forés des Seriques prouinces.
Ici les bas rameaus des Maltesques coutons
Me portent des habis dans leurs blancs pelotons.

　　　　　　　　　　　　　M

Ici le lin peigné se change en fines toiles,
Et la chanure creusée en cordages & voiles:
Afin qu'étant porté tant du flot que du vent
Ie rende familier le Ponant au Leuant:
Ie foule d'un pié sec l'Amphitrite profonde:
Et promene, hazardeus, mainte vile sur l'onde.

 Céte puissante Vois, qui tout ce Tout bátit,
Encor encor sans cesse ici bas retantit:
Céte Vois d'an en an le Mõnde renouuelle:
Et rien ne nait, ne vit, ne croit qu'en vertu d'elle.

 Elle fét que le blé par vne experte main,
Sur l'émié gueret ne s'éparpille en vain:
Ains qu'étant recouuert par le dentelé poûtre,
Et coué quelques iours sous le labeur du coûtre,
Il remeurt pour renaitre: & iete, humide chaud,
Des racines en bas, & des germes en haut,
Enrichissant bien-tôt d'vne heureuse naissance
De verdure les chams, les bouuiers d'esperance.
Le germe croit en herbe, & l'herbe en long tuieau,
Le tuieau en épic, l'épic en blé nouueau.
Les épis pour sauuer les moissons déia prétes
Du degât des moineaus, se remparent d'arétes.
Les grains ont des boursés pour n'etre point souuent
Pourris, brûlés, épars de l'eau, du chaud, du vent.
Et les mols chalumeaus, pour mieus porter la graine,
Sont come échalassés d'vne noüeuse guaine.

 Lecteur pardone moi, si ce iourd'hui tu vois
D'vn œil ja tout raui, tant d'arbres en mon bois,
En mon pré tant de fleurs, en mon iardin tant d'herbes,

En

En mon clos tant de fruits, en mon champ tant de gerbes,
Veu que l'Arbre second, que l'isle de Zebut
A surnommé Cocôs, seul aporter nous peut
Ce que nous mendions de nos forês hautaines,
De nos prés, nos iardrins, nos vergers, & nos plaines.
Es tu langui de soif? tu treuueras du vin
Dans ces fueillars blecés. As tu besoin de lin?
L'écorce de son bois, frape, serance, file,
Pour apres en tirer vne toile subtile.
Souhaites-tu du beurre? Il ne faut que cacher
Tes conuoiteuses dens dans le mol de sa chair.
Veu-tu goûter de l'huile? en pure huile il se mue,
Quand son fruit haut & bas longuement on remue.
Te faut-il du vinaigre? Et vraiment il ne faut
Que lui laisser soufrir d'vn long Soleil le chaut.
Desires-tu du sucre? il faut pour quelques heures
Dans la frêcheur de l'eau tenir ses Courges meures.
Il est tout ce qu'on veut: Et quand Midas encor
L'auroit entre ses mains, ie croi qu'il viendroit or.
Ie croi que Dieu pour rendre, & nôtre vie heureuse,
Et seconde la terre, & sa gloire fameuse,
N'eut rien fét que ce fruit, si ce grand Vniuers
Eut peu dit être beau sans tant de cors diuers.
   O Terre! tu n'as pas seulement ton échine
Couuerte de tresors: ta seconde poitrine
Est si comble de biens, que les dois affamés
Des auares humains ne l'épuisent iamés.
Come étant plus nombreus que du Ciel les étoiles,
Que les flôs aboyans de la mer porte-voiles,

M ij

Des plaines les épis, des forés les rameaus,
Les animaus des bois, & les poiſſons des eaus.
　Ie tairai la Geiéte, & le Mabre, & l'Ardoiſe.
Ie tairai pour ce coup la croupe Oromenoiſe,
Et ce mont d'Aragon dont les mordans éclâs
Salent des montagnars les més plus délicás.
　Il me plait ſeulement que pour ce coup mon Liure,
S'orne de Vermeillon, de Mercure, de Cuiure,
D'arſenic, d'Or, de Plom, d'Antimoine, d'Airain,
D'argent, de Verd-de-terre, & de Fer, & d'Eſtain.
Il me plait d'enchâſſer dans l'or de mon Ouurage
Un Criſtal qui raporte au vif châque viſage,
L'Agate a mile noms, l'Amathiſte pourpré,
Le riche Diamant, l'Opale bigarré,
La Caſſidoine encor de beaus cerceaus couuerte,
L'imprimante Sardoine, & l'Emeraude verte,
Le Topaſe peu-dur, le Carboucle enflammé,
Bien qu'il ne ſoit iamés par le feu conſumé.
　Je ſçai bien que la terre à l'home miſerable
Semble étre non plus Mere, ains Marâtre execrable,
D'autant qu'à nôtre dam ele porte en ſon flanc
Et l'or treine-ſouci, & le Fer verſe-ſang:
Come ſi ces metaus, non l'humaine malice,
Auoient en tant de Chefs fét foiſonner le vice.
　Tout ainſi que l'apât des chatoüilleus treſors
Perd de l'home méchant & l'Eſprit & le Cors:
L'or dore les vertus, & nous done des æles,
Pour nos cœurs éleuer iuſqu'aus choſes plus beles.
　L'home bien aduiſé ne ſe ſert ſeulement

Du

Du fer pour seilloner le champ donc-froment:
Il s'en sert au besoin pour défandre sa vile
Contre la tirannie étrangere, & ciuile.
Mais iamés le méchant ne manie le fer,
Que pour étre instrument des Furiës d'Enfer:
Pour voller le passant, pour égorger son frere,
Pour perdre son païs, pour massacrer son pere:
Tout ainsi profanant un don vraiment diuin,
L'iurongne sa raison noye dedans le vin:
L'orateur corrompu s'aïde de l'eloquence
Pour pallier le vice, & charger l'innocence.
Et le Proféte faus se targue en tans & lieu,
Pour tromper l'auditeur, du sacré nom de Dieu.
Car come la vaissele & puante, & moisie,
Gáte de son odeur la Grecque Maluoisie:
Les plus saints dons de Dieu se changent en venins,
Quand ils sont possedés par des homes malins.

Mais tairai-ie l'Eymant, dont l'ame morte-viue,
De raison ma Raison par ses merueilles priue?
L'honeur Magnesien, la pierre qui s'armant,
D'un atrait sans atrait, d'un mousse acrochement,
D'aueugles hameçons, de crochets insensibles,
De cordeaus inçoneus, & de mains inuisibles,
L'éloigné fer attire, & ne peut apaiser
Son conuoiteus desir, qu'il n'en ait un baiser:
Ains un embrassement, qui d'un fácheus diuorce,
Loyal, ne sent iamés la dépiteuse force,
S'il n'est par nous disioint : tant & tant ardâment
L'Eymant aime le fer, le fer aime l'Eymant.

M iij

Et bien qu'vn entre-deux leur ſerue de barriere,
Ils n'éteignent le feu de leur chaleur premiere:
Ains vis-à-vis de l'vn l'autre ſaute touiour,
Témoignant pour le moins par ſignes ſon amour.

   Mais, bon Dieu! qui pourroit comprendre en quele ſorte,
Vn aneau emporté d'vn peu d'Eymant, emporte
Vn autre aneau de fer? & que cetui, raui,
Rauiſſe vn tiers, le tiers vn quatriéme ſuiui
D'vn cinquiéme chenon? Quele vertu ſi grande
Fét que ſans s'acrocher l'vn de l'autre dépende?
Qu'ils ſoient noüés ſans nœu, liés ſans liaiſon,
Et ſans colle collés: demantans la raiſon,
Qui tient pour réſolu que la choſe peſante
Ne peut, en l'ær pendue, éuiter la deſcente.

   Or ie n'ignore point, que celui dont la main
La Sophie Gregeoiſe orna d'habit Romain,
Cil di-ie, qui receut de ſa feme peu ſage
Le breuuage mortel, pour l'amoureus breuuage,
N'ait taché de montrer par maint ſubtil diſcours
L'inconnue raiſon de ſi rares amours.

   Mais Lucrece, di-moi quele vertu cachée
Tourne touiour vers l'Ourſe vne éguille touchée
Par l'Eymant tire-fer? Vraiment ſi tu le peus,
D'vn laurier touiour vert ie ceindray tes cheueus,
Te confeſſant plus docte, eZ ſecrés de Nature,
Et que ton Empedocle, & que ton Epicure.

   Bacchus auec ſes vins, Cerés auec ſes grains,
D'vn lien tant etroit n'obligea les humains,
Que Flaue Melphitain, lors qu'heureuſement ſage,

Premier

Premier il mit aus chams de l'éguille l'usage.
  Sa bele inuention est cele qui de nuit,
Sur les flotans seillons nos carraques conduit.
Qui nous sert de Phanal, de Mercure, & de guide
Pour suiure tous les coings de la Campagne humide.
Qui fét qu'vn galion par le Ciel courroussé
En vn autre vniuers préque en vn iour poussé,
Reconnoit son Climat, & remarque en la Carte
De combien de degrés l'équinoxe s'écarte.
  Mais la Terre n'est point digne d'éternel los
Pour les biens seulement qu'ele a dessus le dos,
Ou dans ses creus roignons : Ains son propre merite
Merite que sa gloire en ses vers soit décrite.
I'apele pour témoins ceus qui, foibles, ont fét
Maint profitable Essay du salutaire effet,
De la terre Selée, & de la Meliene,
De cele de Sio, & de l'Eretriene.
  Je te saluë, ô Terre, ô Terre porte-grains,
Porte-or, porte-santé, porte-habis, porte-humains,
Porte-fruits, porte-tours, ronde, bele, immobile,
Patiante, diuerse, odorante, fertile,
Vestue d'vn manteau tout damassé de fleurs,
Passamenté de flôs, bigarré de couleurs.
Je te saluë, ô Sœur, Mere, Norrice, Hotesse
Du Roi des Animaus. Tout, ô grande Princesse,
Tout ce Tout vit pour toi. Tant de Cieus tornoyans,
Portent pour t'éclairer tant d'astres flamboyans:
Le feu pour t'échaufer, sur les flotantes nuës
Tient ses pures ardeurs en arcade étanduës.

L'ær pour te rafréchir, se plait d'être secous
Or d'un âpre Borée, or d'un Zephire dous.
L'eau pour te détramper, de mers, fleuues, fonteines
Entrelasse ton cors tout ainsi que de veines.
 Hé que ie suis marri que les plus beaus Esprits
T'aient pour la pluspart, ô Terre, en tel mépris :
Et que les cœurs plus grans abandonent, superbes,
Le rustique labeur, & le souci des herbes,
Aus homes plus brutaus, aus homes de nul pris,
Dont les cors sont de fer, & de plom les Esprits.
 Tels ne furent iadis ces Peres venerables,
Dont le sacré fueillet chante les faits loüables
Noé, Moïse, Abram, qui passerent eZ chams
Laboureurs, ou bergers la pluspart de leurs ans.
Tels ne furent iadis Philometor, Attale,
Cyre, Archelas, Hieron, dont la dextre roïale,
Et pour glaiue, & pour sceptre a souuent soûtenu
Or la courbe serpete, or le hoiau cornu.
Tels ne furent encor Cincinat, ni Fabrice,
Manie, ni Serran, qui guerroians le vice,
D'un coûtre couronné, d'une emperiere main,
Et d'un soc triomfal : raïoient le champ Romain.
 Scipion ennuié des feintes bonetades,
Des Eclipses de Cour, des fâcheuses aubades
D'un puple poursuiuant : & ce grand Empereur
Qui d'Afranchi vint Roi, & de Roi Laboureur,
Dans des bourgs écartés, vieillars, se confinerent :
Et le champ done-blé d'un pareil soin traiterent,
Que iadis le dur Mars, disposant les fruitiers

Auec

Auec non moindre engin que d'un ôt les quartiers.
  O trois & quatre fois heureus cil qui s'éloigne
Des troubles citadins, qui, prudent, ne se soigne
Des emprises des Rois : ains seruant à Cerés
Remuë de ses bœufs les paternels guerés.
La venimeuse dent de la blafarde enuie,
Ni l'auare souci ne trauaillent sa vie.
Des bornes de son champ son desir est borné:
Il ne boit dans l'argent le Philtre forcené,
Au lieu de vin Gregeois, & parmi l'Ambrosie
Ne prend dans un plat d'or l'Arcenic ôte-vie.
  Sa main est son gobeau, l'argenté ruisselet
Son plus dous hypocras, le fromage, le lait,
Et les pomes encor de sa main propre entées,
A toute heure lui sont sans aprêt apretées.
  Les trompeurs Chiquaneurs (harpies des parquets
Et sangsuës du puple) aueques leurs caquets
Bauardement fâcheus la téte ne lui rompent,
Ains les peints oiselets ses plus durs ennuis trompent,
Enseignant châque iour aus dous-flairans buissons
Les plus diuins couplets de leurs douces chansons.
  Son vaisseau vagabond sur l'irrité Nerée
N'ét or le joüet d'Eure, & tantôt de Borée:
Et come desireus de ne voir iamés port,
Miserable, ne va si loin chercher sa mort,
Ains passant en repos tous les iours de son âge,
Ne pert point tant soit peu de veuë son vilage,
Ne connoit autre mer, ne sait autre torrent

N

Que le Flot criſtalin du ruiſſeau murmurant,
Qui ſes verts prés arroſe : & céte méme terre,
Qui, naiſſant, le reçeut, pitoiable l'enterre.
   Pour r'apeler le ſomme il n'auale le jus,
Ni du morne Pauot, ni du froid Ionc de Chus.
Et n'achate les tons come iadis Mecene,
Lors qu'en ſon cors mal-ſain, ſon ame encor moins ſaine
N'auoit ni paix, ni treue : & que ſans nul repos
La ialouſe fureur le rongeoit iuſqu'aus os :
Ains ſur le vert tapis de la plus tendre mouſſe
Qui frange vn bord ondeus, hors de ſes flancs il pouſſe
Vn ſomeil enchanté par le gazoüillis dous
Des flôs entrecaſſés des bords & des caillous.
   Le cléron, le tabour, la guerriere trompete,
L'éueillant d'vn ſurſaut, n'arment d'armet ſa téte :
Et d'vn Chef reſpecté le ſaint commandement
Ne le pouſſe, aueuglé, du lit au monument.
Le Coc empenaché la Diane lui ſone :
Limite ſon repas : & par ſon cri lui done
Vn chatoüileus deſir d'aler mirer les fleurs,
Que la flairante Aurore emperle de ſes pleurs.
   Vn ær empriſoné dans les ruës puantes
Ne lui trouble le ſang par ſes chaleurs relantes :
Ains le Ciel découuert, deſſous lequel il vit,
A toute heure le tient en nouuel appetit :
Le tient ſain à toute heure : & la mort redoutée
N'aproche que bien tard de ſa loge écartée.
   Il ne paſſe eZ grans Cours ſes miſerables ans :

Son

Son voloir ne dépend du voloir des plus grans:
Et changeant de Seigneur ne change d'Euangile.
Sur vn papier menteur son mercenaire stile
Ne fét d'vne formi vn Indois Elefant,
D'vn mol Sardanapale vn Hercul triomfant,
D'vn Thersite vn Adon, & ne prodigue encore
D'vn discours impudent le los d'Alceste à Flore:
Ains viuant tout à soi, & seruant Dieu sans peur,
Il chante sans respect ce qu'il a sur le cœur.
 Le soupçon blêmissant nuit & iour ne le ronge:
A des agués trompeurs nuit & iour il ne songe:
Ou s'il songe à tromper, c'est à tendre filés
Aus animaus des chams, gluaus aus oiselés,
Et manches aus poissons. Que si ses garde-robes
Ne sont touiour comblés de magnifiques robes
De velours à fons d'or: & si les foibles aiz
De son coffre peu-seur ne ploient sous le faiz
Des auares lingôs: il se vêt de sa laine:
Des vins non-achatés sa caue est toute pleine,
Ses greniers de froment, ses rocs de saines eaus,
Et ses granges de foin, & ses parcs de troupeaus.
Car mon vers chante l'heur du bien-aisé rustique,
Dont l'honeste maison semble vne Republique:
Non l'état diseteus du rompu bucheron,
De l'affamé pêcheur, du poure vigneron,
Qui queïmandent leur vie, & qui n'ont qu'à boutées
Du pain en leurs maisons sur quatre pieus plantées.
 Puisse-ie, ô Tout-puissant, inconnu des grans Rois,

Que le Flot criſtalin du ruiſſeau murmurant,
Qui ſes verts prés arroſe : & céte méme terre,
Qui, naiſſant, le receut, pitoiable l'enterre.
 Pour r'apeler le ſomme il n'auale le jus,
Ni du morne Pauot, ni du froid Ionc de Chus.
Et n'achate les tons come iadis Mecene,
Lors qu'en ſon cors mal-ſain, ſon ame encor moins ſaine
N'auoit ni paix, ni treue : & que ſans nul repos
La ialouſe fureur le rongeoit iuſqu'aus os :
Ains ſur le vert tapis de la plus tendre mouſſe
Qui frange vn bord ondeus, hors de ſes flancs il pouſſe
Vn ſomeil enchanté par le gazoüillis dous
Des flôs entrecaſſés des bords & des caillous.
 Le cléron, le tabour, la guerriere trompete,
L'éueillant d'vn ſurſaut, n'arment d'armet ſa téte :
Et d'vn Chef reſpecté le ſaint commandement
Ne le pouſſe, aueuglé, du lit au monument.
Le Coc empenaché la Diane lui ſone :
Limite ſon repas : &, par ſon cri lui done
Vn chatoüileus deſir d'aler mirer les fleurs,
Que la flairante Aurore emperle de ſes pleurs.
 Vn ær empriſoné dans les ruës puantes
Ne lui trouble le ſang par ſes chaleurs relantes :
Ains le Ciel découuert, deſſous lequel il vit,
A toute heure le tient en nouuel appetit :
Le tient ſain à toute heure : & la mort redoutée
N'aproche que bien tard de ſa loge écartée.
 Il ne paſſe eZ grans Cours ſes miſerables ans :

Son

QVATRIEME IOVR
DE LA SEPMAINE DE G.
DE SALLVSTE, SEIGNEVR
du Bartas.

Sprit, qui trãsportas dans l'ardante charrete
Sur les Cieus étoilés le cler-voiant Profete,
Qui, frapãt le Iordain de son plissé manteau,
N'aguere auoit fendu le dous fil de son eau,
Enleue moi d'ici, si que loin, loin de terre
Par le Ciel azuré de cercle en cercle i'erre:
Veüille étre mon Cocher, & fai qu'ore mon cours
Accompagne le char de l'Astre enfante-iours:
Qu'à la coche de Mars or ie ioigne ma coche,
Et qu'ore de Saturne, or du Croissant i'aproche:
Afin, qu'aiant apris de leurs flambans cheuaus
La force, le chemin, la clarté, les trauaus,
Ma Muse d'une vois saintement eloquente
Au puple aime-vertu, puis apres les rechante:
Sur le Pole attirant les plus rebeles cœurs
Par l'Eymant rauisseur de ses accens veincueurs.
    Et vous diuins Espris, ames doctement beles,
A qui le Ciel depart tant de plumes isneles,
Soit pour monter là-haut, soit pour disertement
De ses plus clers flambeaus peindre le mouuement.

Ça, donés moi la main : tirés moi sur Parnasse :
Et de vos chans divins soûtenés ma vois casse :
Car outre la vertu, qui, vive en vos esprits,
Soi-méme est de soi-méme un assés ample pris :
Nos neueus afranchis des sacrileges armes,
Qui sanglantent ce Tout, chanteront que vos carmes,
Et plus dorés que l'or, & plus dous que le miel,
Meritoient autre sort, autre siecle, autre Ciel.

   Or bien que de mon nom la naissante memoire
De nos neueus atande un rien, ou peu de gloire :
Ce tans que la plus-part des Ecrivains François
Dépend à cortiser les Dames & les Rois
Dépendre ie le veus à rendre à tous notoire
Par ses puissans effets du Tout-puissant la gloire.

   Mes vers conceus en peine, en angoisse enfantés
Ne desirent se voir par nos neueus vantés :
Ils seront satisfais, moiennant que la France
Produise à l'avenir quelque docte semance,
Qui suivant pas à pas mon loüable projet
Plus dextrement que moi manie ce sujet.

   D I E V n'est de ces ouuriers, qui d'un lâche courage
Quittent aus meilleurs cous le soin de leur ouurage :
Qui iamés qu'à demi ne s'aquitent de rien,
Soigneus de fére tôt, & non de fére bien :
Ains come cil qui fét toutes choses sans pene,
Et come étant tout bon, n'est iamés qu'il ne mene
Ore d'un pas tardif, or d'un pas auancé,
A la perfection ce qu'il a commencé.

   Aiant donques tendu la Courtine du monde

Au

Au tour du Clos sacré de la Couche feconde,
Où, pour remplir ce Tout de ses enfantemens,
La soigneuse Nature accouche à tous momens,
Haut & bas il sema mainte ardante chandele,
Pour la rendre à iamés plus vtile & plus bele.

  Je sai bien que les clous qui brillent dans les Cieus
Fuient si vitement & nos mains,& nos yeus,
Que le Mortel ne peut parfétement connoitre
Leur chemin, leur pouuoir, & moins encor leur Etre.

  Mais si l'esprit humain par coniecture peut
Atteindre à ce grand Cors, qui se mouuant tout meut.
Je croi, que come Dieu d'vne matiere humide
Composa les bourgeois de la pleine liquide,
Et d'vn terrestre amas crea tant d'animaus,
Qui formillent par mons, par campagnes, & vaus:
Que de méme il forma par sa toute puissance
Et le Ciel, & ses feus d'vne méme substance:
Afin que ces Brandons au long & large épars
Semblassent à son Tout, & le tout à ses pars.

  Mais tout ainsi qu'on voit dans le tige d'vn chêne
Le nœud entortillé de mainte large vene.
E'tre d'vn méme tronc, combien que sa rondeur
Ait le bois plus serré, plus épés, & plus dur
Ces flambeaus, dont nôtre œil admire la vitesse,
Ne sont rien que du Ciel la part la plus épesse.

  Puis remarquant en eus & le lustre, & le chaud
Compagnons naturels de l'Element plus haut,
Ie croi qu'ils sont de feu, non de ce feu qui dure
Seulement tant qu'il a du bois pour norriture:

Car ie ne pense point que tous les Elemens
Peussent pour vn seul iour les fornir d'alimens.
　　C'ét pourquoi ie me ri de ces forgeurs de fables,
Qui fecons en discours plus beaus que profitables,
Tiennent que ces Brandons sont de vrais animaus,
Qui pour viures quéter n'épargnent nuls trauaus.
Succans par le retour d'vn éternel voiage,
En viande la Terre, & la Mer en breuuage.
　　De vrai ie ne voi point eZ yeus du Firmament,
Qu'vn naturel, certain, & réglé mouuement,
Bien qu'en tout animal ie remarque au contrére
Vn mouuement confus, diuers, & volontére.
Ie ne voi point coment tant de courriers dorés,
Puissent postilloner par les Cieus aZurés,
Que le Ciel par momens ne s'entr'ouue & resserre,
Suiet aus passions qui alterent la Terre,
Qui trauaillent les eaus, & par leurs mouuemens
Causent dans l'ær flotant cent & cent changemens.
Ie ne voi point coment en tant de cors Spheriques
On puisse imaginer des membres Organiques.
Ie ne voi point coment & la terre, & les eaus
Puissent alimenter tant & tant de flambeaus,
Qui passent en grandeur les plaines poissonneuses,
Et le tour inégal des terres moissonneuses,
Veu que nos animaus deuorent en vn mois
Des més plus grans qu'eus méme & trois & quatre fois.
　　Donques tant de Brandons n'errent à toute bride,
Par la cléreépesseur d'vn plancher non solide:
Tout ainsi que çà-bas d'vn branlement diuers,

Les

Les oiseaus peinturés nagent entre deux ærs:
Ains plutôt attachés à des rouantes voûtes
Suiuent & nuit,& iour bon-gré-maugré leurs routes:
Tels que les clous d'vn char,qui n'ont point mouuement,
Que come étans roulés d'vn autre roulement.
  Ainsi que le fieureus dans la tremblante couche
Sent come guerroier sa santé par sa bouche,
Cherchant obstinément d'vn palés dégoûté
Ez viures moins frians sa plus grand volupté:
Il se treuue entre nous des espris frenetiques
Qui se perdent touiour par des sentiers obliques:
Et de monstres forgeurs, ne peuuent onc ramer
Sur les paisibles flôs d'vne commune mer.
Tels sont, come ie croi, ces Ecriuains qui pensent
Que ce ne sont les Cieus, ou les Astres, qui dancent
A l'entour de la terre : ains que la terre fét
Châque iour naturel vn tour vraiment parfét:
Que nous semblons ceus-là, qui pour courre fortune
Tentent le dos flottant de l'azuré Neptune,
Qui,di-je,cuident voir,quand ils quittent le port,
La Nef demeurer ferme,& reculer le bord.
  Ainsi touiour du Ciel les medailles brillantes
Seroient l'une de l'autre également distantes.
Ainsi le trét qu'en haut l'archer décocheroit,
A-plom sur nôtre chef iamés ne tomberoit:
Ains feroit tout ainsi qu'vne pierre qu'on iete
De la vougante proüe en haut sur nôtre téte,
Qui ne chet dans la Nef: ains loin de nôtre dos,
Où plus le fleuue court,retombe dans les flôs.

O

Ainsi tant d'oiselés, qui prenent la volée
Des Hesperides bords vers l'Aurore emperlée:
Les Zephirs qui durant la plus douce saison
Desirent aller voir des Eures la maison:
Les boules foudroiés par la bouche fumeuse
D'vn canon affusté deuers l'Inde perleuse
Sembleroient reculer: veu que le vite cours,
Que nôtre rond sejour parferoit tous les iours,
Deuanceroit cent fois par sa vitesse isnele
Des boulés, vens, oiseaus, l'effort, le soufle, l'æle.

 Armé de ces raisons ie combatrois en vain
Les subtiles raisons de ce docte Germain,
Qui pour mieus de ces Feus sauuer les Aparances
Assigne, industrieus, à la Terre trois dances:
Au centre de ce Tout le cler Soleil rengeant,
Et Phœbé, l'Eau, la Terre en méme Rond logeant.

 Et pour ce qu'à ce coup le Tans, & la Matiere
Ne me permetent point de me doner carriere
En vn Stade si long: ie pren pour fondement
De mes futurs discours, l'Ætheré mouuement.

 J'admire la grandeur d'vne haute montaigne,
J'admire la beauté d'vne verte campaigne,
J'admire le sablon du floteur Element,
J'admire le pouuoir de la pierre d'Eymant:
Mais plus que tout encor, i'admire, ou plus i'y pense,
Des Astres la grandeur, beauté, nombre, & puissance.

 Le Paon, qui nauré de l'aiguillon d'Amour
Veut fére, piafard, à sa Dame la Cour,
Etale come en rond les tresors de ses ales

Peinturées

Peinturées d'azur, marquetées d'étoiles,
Roüant tout à l'entour d'un craquetant cerceau,
Afin que son plus beau se montre encor plus beau.
Le Firmament atteint d'une pareille flame
Déploie tous ses biens, rode autour de sa Dame,
Tend son rideau d'azur de jaune tauelé,
Houpé de flocons d'or, d'ardans yeus piolé,
Pomelé haut & bas des flambantes roüeles,
Moucheté de clers feus, & par-semé d'étoiles,
Pour fére que Cerés plus amoureusement
Reçoiue le dous fruit de son embrassement.

 Qui veut conter les Feus tant nôtres qu'Antarctiques
Se doit rendre inuenteur d'autres Arithmetiques:
Et, pour venir à bout d'un si braue projet,
Auoir de l'Ocean tout le sable pour jet.
Toutefois nos aïeus non-moins doctes que sages
Remarquerent au Ciel quatre-fois-douze Images,
Pour aider la memoire, & fére que nos yeus
En certaines maisons partageassent les Cieus.

 Les douze sont fichés en la riche Ceinture,
Dont l'Ouurier Immortel étrena la Nature,
Quand formant l'Vniuers sa tout-puissante Vois
Pour le Puple brillant fit de si beles lois:
Ceinture qu'ele porte en écharpe accrochée
Non sur ses reins fecons rondement attachée.

 Ce Cercle, honeur du Ciel, ce Boudrier orangé,
Chamarré de rubis, de fil d'argent frangé,
Bouclé de bagues d'or, d'un bandeau, qui raïone,
Le Ciel biaisement nuit & iour enuirone.

Car depuis ce quartier, où le Belier conduit
Vn cler iour compassé du compas de la nuit,
De nonante degrés vers le Nort il se courbe:
Puis d'autant de degrés, étoilé, se recourbe
Vers le milieu du Ciel, de là deuers l'Autan,
Et de l'Autan ardant vers la porte de l'an.

   C'est toi Nephelien qui choques de ta corne,
Fete à replis d'airain, de l'an nouueau la borne:
Et possedant du Ciel la premiere Maison,
Montres les blons touffeaus de ta riche toison.

   De tes yeus brillonans tu vois le Toreau naitre,
Toreau, qui pour trouuer en chemin dequoi paitre,
Couue le dos fecond du monde renaissant
De l'émail fleuroné, d'vn tapis verdissant:
Et sans soc, & sans ioug d'vn pié libre sautele,
Par les flairans sentiers de la saison nouuele.

   Ces Bessons, à qui Dieu, pour luire au mois plus dous,
Astra piés, tétes, bras, épaules & genous,
Font à qui mieus courir sous espoir de surprendre
Le Toreau, qui leger, ne veut, ni peut attendre.

   Le Cancre guide-Æté sent apres lentement,
De ses huit auirons l'azur du Firmament:
Afin que d'an en an sa coquille étoilée
Conduise maint long iour sur la terre brûlée.

   Préque d'vn méme pas le Lion vient aprés,
Tout couuert de flambeaus, tout herissé de rez,
Qui du soufle pesteus de ses chaudes aleines,
Séche l'herbe des prés, & le froment des plaines.

   La Vierge n'est pas loin, qui du train flamboiant

De

De ſon doré manteau le bleu Ciel baloiant,
Porte d'vne façon humainement ſuperbe,
Des æles en la dextre, en la gauche vne gerbe.

Apres les feus Puceaus le Trebuchet reluit,
Qui iuſtement balance & le iour, & la nuit:
D'or ſont ſes deux baſſins, ſes ſix cordons ſont d'or,
D'or ſont ſes trois aneaus, d'or eſt ſa lance encor.

Le traitre Scorpion ſecondant la Balance,
Couure de deux flambeaus le venin de ſa pance:
Et, cruel, châque iour par l'vn & l'autre bout
Ses peſtes vomiroit ès membres de ce Tout,
Si l'Archer Philiride home & cheual enſemble,
Galopant par le Ciel, qui ſous ſes ongles tremble,
Ne menaçoit touiour de ſon trèt enflammé,
Les membres bluëtans du Signe enuenimé.

Car le chenu Centaure, eſt par tous lieus qu'il paſſe,
Telement attentif à céte vnique chaſſe,
Que le Cheureüil celeſte éclatant tout de reZ,
Talone ce Veneur ſans redouter ſes trés.

Cependant l'Echanſon ſur ſes clers talons verſe,
De ſon étoilé vaſe vne onde blonde-perſe,
Et fét (qui le croira?) naitre de ſes flambeaus,
Pour les ſuiuans Poiſſons, vn riche torrent d'eaus.

Les alterés Nageurs courent vers céte ſource:
Mais le fleuue à plis d'or s'enfuit deuant leur courſe,
Ainſi que les Poiſſons fuient touiour deuant
Le celeſte Belier qui les va pourſuiuant.

Outre ces douze Feus, du coté de la Biſe
Vn Dragon flamboiant les deux Ourſes diuiſe,

Apres vient le Bouuier, la Corone, le Trét,
L'Enfant agenoüillé, la Lyre, le Portrét
Soit du docte Æsculape, ou soit du fis d'Alcmene,
Qui le doré Serpent parmi les astres mene,
Pegase, le Daufin, l'Aigle, le Cigne blanc,
Andromede, qui voit assés pres de son flanc
Cassiope sa mere, & son pere Cephée,
Et les membres astrés de son beau fis Persée,
Le Triangle luisant, le front Medusien,
Et l'étoilé charton du char Tyndarien.

 D'autre part Orion, l'Eridan, la Balene,
Le Chien, & l'Auant-chien à la brûlante halene,
Le Lieure, la grand Nef, la Hydre, le Goubeau,
Le Centaure, le Loup, l'Encençoir, le Corbeau,
Le Poisson du Midi, & l'Australe Corone,
Par la voûte du Ciel à qui mieus mieus rayone.

 C'est ainsi que ce iour les mains du Tout-puissant,
De l'huitiéme rideau les toiles retissant,
D'un art sans art brocha ses pentes azurées,
De mile milions de platines dorées:
Et cloüa sous le rond du vite Firmament,
A châcun autre Ciel un Brandon seulement:
De peur que de ces Feus le nombre estant sans nombre,
L'œil des Mortels ne peut remarquer parmi l'ombre
D'vne seraine nuit, les passages diuers
De ces cors étoilés qui planchent l'Vniuers.

 C'est pour ce méme effet qu'il arma d'étinceles
Du doré Firmament les tremblantes Chandeles,
Fésant que les sét Feus, qui courent, alumés,

Sous

Sous lui d'un pas diuers, ne bluëtent iamés,
Ou, peut étre, fit-il tous ces Brandons semblables.
Mais de l'huitiéme Ciel les flambeaus innombrables,
Pour étre infiniment éloignés de nos sens,
Semblent tous tremousser à nos yeus tremoussans,
Ce qu'on ne voit iamés auenir aus Planetes,
Pour étre infiniment plus proches de nos tétes.

 Car les Cieus ne sont point ensemble entrelassés,
Ains étans les plus bas des plus haus embrassés,
Ils vont étrecissant la rondeur de leur ventre,
Selon que plus ou moins ils aprochent du centre.
Tels que l'Oeuf, dont la coque, & les peaus, & le blanc,
Et le iaune moyeu s'entrebrassent de rang.

 Or come vn roide vent fét tournoyer les voiles
D'vn moulin équipé de sou-souflantes toiles,
Des voiles la roideur anime l'abre ælé,
L'abre promene en rond le roüet dentelé,
Le roüet la lanterne, & la lanterne vire
La pierre qui le grain en farine déchire.
Et tout ainsi qu'on voit en l'horloge tendu,
Qu'vn iuste contrepois iustement suspendu
Anime la Grand roüe, & que par maint rencontre
Elle meut la Moyenne, & cele du Rencontre,
Le branlant Balancier, & le fer martelant,
Les deux fois douze pars du vrai iour égalant:
Ainsi le plus grand Ciel dans quatre fois six heures
Visitant des mortels les diuerses demeures,
Par sa pronte roideur emporte tous les Cieus
Qui dorent l'Vniuers des clers rez de leurs yeus.

Et les traine en un iour par sa vitesse étrange
Du Gange iusqu'au Tage, & puis du Tage au Gange.
 Mais les ardans flambeaus qui brillent dessous lui,
Fachés d'étre touiour suiés au veüil d'autrui:
De ne changer iamés de son, ni de cadance:
D'auoir un méme Ciel touiour pour guide-dance,
S'ostinent contre lui: & d'un oblique cours,
Qui deçà qui delà, marchent tout au rebours:
Si bien que chácun d'eus (bien qu'autrement il semble)
En un méme moment marche, & recule ensemble:
Monte ensemble & descend: & d'un contrére pas
Chemine en méme tans vers Inde & vers Athlas:
Come celui, qui veut dessus la coste Angloise
Guider les noirs paquets de l'herbe Lauregoise,
Tandis que vers la mer le roide fil de l'eau
De l'ondeuse Garone emporte son bateau,
Peut marcher, s'il lui plait, de la proüe à la poupe:
Et maugré les effors de la vogante troupe,
Les souflés de l'Autan, & la roideur des eaus,
Aller en méme tans vers Tolose, & Bourdeaus.
 Mais tant plus que chácun de ces planchers voisine
L'inécroulable mur de la Maison diuine,
Il fét plus de chemin, & dépend plus de iours
A retrouuer le point d'où son cours prend son cours.
 Et c'ét pourquoi l'on tient que céte Tente riche,
Que l'immortel Brodeur d'une dextre peu chiche
Parsema d'écussons ardâment reluisans,
Emploie en son voiage enuiron set mile ans.
 Mari? de Mnemosine, ingenieus Saturne,

Pere

Pere de l'âge d'or, combien que taciturne,
Pensif, froidement sec, ridé, chauue, grison,
Tu tiens des feus Errans la prémiere maison:
Et ta coche de Plom au bout de trente années
De sa carriere voit les bornes destinées.

Toi Iupiter benin, done-biens, chasse-maus,
Voisines à bon droit ton Pere porte-faus:
Et tandis qu'en roüant, bien-heureus, tu moderes
Son Astre desastré par cent vertus contréres,
Ton Chariot d'Etain cerné de clous ardans,
Trauerse obliquement douze Astres en douze ans.

Mars au cœur genereus, mais qui transporté d'ire,
Rien que guerre, que sang, que meurtre ne desire,
Repique nuit & iour ses détriers furieus
Pour franchir vitement la carriere des Cieus.
Mais ses roüës d'acier treuuent tant de passages,
Qui retardent, bossus, ses éternels voiages:
Que le gaillard Denis par trois fois a foulé
D'vn humide talon le raisin empoulé,
Et Cerés par trois fois tondu sa tresse blonde,
Ains que d'vn cours tout sien il ait cerné le Monde.

Phœbus aus cheueus d'or, Apollon done-honeurs,
Done-ame, porte-iour, soûtien des grans Seigneurs,
Aime-sucs, aime-vers, tes routes sont bornées
Des bornes de trois cens soixante cinq iournées.
Car tu mesures l'an auec ton propre cours,
Et de ton cours forcé tu mesures les iours.

La doüillete Venus, dont la vertu feconde
Engrosse heureusement tous les membres du Monde.

P

A qui les Ieus mignars, les douces Voluptés,
Les mols Cupidoneaus, les gentiles Beautés,
La Ieunesse, le Ris, & le Bal font escorte,
Du iour porte-lumiere ouure, & ferme la porte:
Sans que ses Pigeons blancs ou sus, ou sous les caus
S'osent guére écarter du Prince des Flambeaus.

 Ainsi, ou peu s'enfaut, Herme guide-nauire,
Mercure échele-Ciel, inuent-art, aime-lyre,
Trafiqueur, montre-voie, Orateur, Courtisan,
A fére son voiage emploie préque vn an,
Sans qu'en si long chemin ses vites talonieres
S'osent guére éloigner du Prince des Lumieres.
Et Phœbé verse-froid, verse-humeur, borne-mois
Passe le Zodiaque en vn an douze fois.

 Or si de ses Brandons la flamboiante presse
Languissoit pour iamés en oisiue paresse,
Touiour l'obscure nuit, & touiour le cler iour,
Feroient en méme part leur trop constant seiour:
L'Æté ses rez ardans, l'Hiuer sa froide glace,
Opposés, verseroient touiour en méme place.
Rien ne nétroit çà-bas, rien çà-bas ne croitroit,
Pour étre abandoné ou du chaud ou du froid.

 Et bien quand, sans muer de rang, ou de distance,
Tous ces Flambeaus suiuroient vne méme cadance,
Les membres inconstans de ce bas Vniuers
Ne sentiroient chés eus tant d'accidens diuers,
Que les accouplemens des celestes chandeles
Versent incessâment sur les choses morteles.

 Non, non, ie ne croirai, ie ne croirai iamés

Que

Que Nature ait au Ciel tant de Feus allumés
Pour seruir seulement d'une vaine parade,
Et de nuit amuser la Champetre brigade.
Je ne croirai iamés que la moindre des fleurs
Qui le Champ plus desert pare de ses couleurs:
Que le moindre caillou qu'en sa creuse matrice
Recele auarement nôtre mere norrice,
N'ait quelque vertu propre : & que tant de Flambeaus,
Qui passent en grandeur & la terre & les eaus,
Luisent en vain du Ciel : n'aiant point autre charge,
Que de se promener par vn Palais si large.
 Celui n'a point de sens, qui sans rougir dément
De ses sens non-blecés le certain iugement.
Et celui qui combat contre l'experiance
N'est digne du discours d'vne haute Science.
Tel est celui qui dit que les Astres n'ont pas
Pouuoir dessus les cors qui formillent çà-bas,
Bien que du Ciel courbé les effets manifestes
Soient en nombre plus grand que les Torches Celestes.
 Je ne veus mettre en jeu les diuerses saisons
Que cause le Soleil en changeant de maisons.
Je tairai que iamès la Torche iournaliere
Ne derrobe à nos yeus en plein iour sa lumiere,
Que quelque Grand n'éclipse : & qu'encor Alecton
N'exile pour vn tans des Regnes de Pluton,
La bequetante Faim, la Trahison funeste,
La sanglante Ennion, & la punaise Peste,
Pour déborder sur nous vne mer de doleurs,
Et noier l'Vniuers soit de sang, soit de pleurs.

J'oblirai que la Mer s'enfle, & se diminuë
Par l'accroit, & décroit de l'étoile cornuë:
Que tant plus ele croit en ses nuiteus trauaus,
Tant plus croit la moüele eZ os des animaus,
Dans les veines le sang, la séue dans les plantes,
Et la baueuse chair dans les huitres flotantes.
Que l'Aulne, & le Sapin, que d'un mont verdissant
Le charpentier arrache au croissant du Croissant,
Ne se verra iamés, come l'ouurier desire,
Ni chés nous vieil cheuron, ni sur mer vieil nauire:
Et qu'en ce tans encor les malades espris
Sont de plus grande rage éperdûment épris,
Si que cét Astre seul montre combien les Flames
Du Ciel touiour-roüant peuuent méme en nos ames,
Réglant ensemblement nos mœurs, & nos humeurs:
Troublant ensemblement nos humeurs, & nos mœurs,
Pour la fraternité, qui lie mainte année
L'esprit auec le cors d'un étroit Hymenée.
   Je dirai seulement, que puis que les regars
Du Celeste Auant-chien lancent de toutes pars
Mile inuisibles feus: qu'ils séchent les campaignes,
Qu'ils cuisent les valons, qu'ils brûlent les montaignes:
Qu'ils causent en nos cors sans trauail harassés
Les pantelans essors de cent fieureus accés.
Que la Cruche au rebours, les humides Plejades,
Le brillant Orion, les pleureuses Hyades,
Iamés préque sur nous n'alument leurs flambeaus
Sans étandre les bors des écumeuses eaus.
   Bref, puis qu'il est ainsi, que sur le cler visage

Du

Du doré Firmament on ne voit préque image,
Qui sur le monde bas ne verse cuidâment,
Pour fomenter ce Tout, maint & maint changement :
On peut coniecturer quele vertu secrete
Decoule sur nos Chefs de châcune Planete,
De châcun de ses Feus que Dieu voulut ficher
Pour leur rare pouuoir châcun en son Plancher ?
 Non que par ce discours, Stoique, ie me pene
D'atacher l'Eternel à la dure cadene
De la Necessité, d'vn nœu diamantin,
Pressant ses libres piés dans les ceps du Destin.
 Ie tien que le grand Dieu, come cause premiere,
Done aus Celestes cors force, course, lumiere :
Qu'il les tient en sa main : que pas vn dieus ne peut
Verser sur les mortels que le destin qu'il veut :
Mais qu'il faut ce pendant qu'à part châcun s'éforce
De connoitre du Ciel & la route, & la force :
Afin qu'aperceuant sous combien de Tirans
Nous fumes asseruis, lors que nos fous Parens
Perdirent leur iustice, & que l'aueugle Feme
En chopant fit choper la moitié de son Ame,
Nous desenflons nos cœurs : & ploiant les genous
Appaisons par soûpirs du grand Dieu le courrous,
Le priant d'écarter les greles, les orages,
Les frois trop violans, les ardeurs, les rauages,
Dont tant & tant de fois nous somes menacés
Par les cruels regars des Astres courroucés :
De nous doner vn frein pour brider l'insolance
Où nous pousse l'éfort d'vne triste naissance :

P iij

De verser vn peu d'eau pour dans nous étancher
Les furieus desirs d'vne boüillante chair:
D'accoiser en nos cœurs les passions diuerses,
Qui naissent du limon de nos humeurs peruerses.
   Phœbé mere des mois, Phœbus pere des ans,
Hà! vous me cachés donq vos visages luisans?
Quoi? vous ne voulés pas me montrer vos Etoiles,
Qu'atrauers l'epesseur de deux funebres voiles?
Otés moi ces bandeaus: dépoüillés moi ce deuil:
Tous tels qu'étes au Ciel montrés vous à mon œuil.
Et par l'éternel vol de ma Muse emplumée
Vostre gloire sera par moi si loin semée,
Que loin, loin vous courés pour conduire à leur tour
Le iour apres la nuit, la nuit apres le iour.
   Postillon, qui iamés ne vois fin à ta course,
Fonteine de chaleur, de clarté viue source,
Flambeau de l'Vniuers, vie de tout ce Tout,
Ornement des clers Cieus, hé! di moi par quel bout
Ie doi prendre ton los? Ie semble cil qui nombre
Les cailles, qui coûurant la mer Itale d'ombre,
Pour viure sous vn Ciel plus fecond & plus dous,
Vienent par escadrons passer l'æté chez nous.
Tandis qu'il est aprés à conter vne bande,
Vne autre, vne autre encor, vne autre encor plus grande
Se presente à ses yeus: si qu'essain sur essain
Lui trouble la memoire, & ront tout son dessein.
   Oeil du iour, si ie di que tout ainsi qu'vn Prince,
Qui, plain de magesté, rode par sa prouince,
Se voit cerné de Ducs, de Comtes, de Barons:

Voit

Voit derriere & deuant marcher les escadrons
Des archers de sa garde : & n'a rien en sa bande
Que sa sainte grandeur ne rende encor plus grande.
Toi de méme roüant autour de l'Vniuers,
Qui ne vit que du feu de tes aspects diuers,
Six grans Princes du Ciel, trois deuant, trois derriere
Accompagnent, vassaus, ton Char porte-lumiere :
Outre l'ôr brillonant du Ciel plus haut monté,
Qui de toi ne reçoit pour solde que Clarté.
  Je veus tout sur le champ trompeter qu'en la sorte
Qu'au milieu de son cors le Microcosme porte
Le cœur source de vie, & qui de toutes pars
Fournit le cors d'espris par symetrie espars.
Que de méme, ô Soleil, cheuelu d'or tu marches
Au milieu de six Feus des six plus basses Arches
Qui voûtent l'Vniuers, afin d'également,
Riche, leur départir clarté, force, ornement.
  A, peine ai-ie entrepris de compasser ta face
Qui tant & tant de fois de sa grandeur surpasse
La grandeur de la terre, & qui fet qu'en passant
Tout ce qui vit çà-bas & la voit & la sent :
Que ie pren autre route, & fantasque, ie lesse
Vn suiet si fecond pour chanter ta vitesse :
Pour chanter qu'en quittant des flôs Indois le bord,
Tu sembles, ô Titan, vn bel Epous qui sort
Le matin de sa chambre : & des rez de sa face,
De l'or de ses cheueus, des atrés de sa grace,
Et des riches coleurs d'vn habit éclatant
Egaië à son leuer le puple qui l'attand :

*Puis come vn Prince accort, qui couuant dans le cœur
Les poignans éguillons & d'amour, & d'honneur,
Deuant cent mile humains, qui bordent la barriere,
Veut emporter le pris d'vne longue carriere:
Par le Cirque du Ciel tu cours si vitement,
Qu'à peine nôtre esprit atteint ton mouuement.
    Quand ie di qu'à bon droit tes ronsins tu pourmenes
Par le quatriéme Ciel, afin que leurs halenes
Ondoiantes de feu temperent en passant
La froideur de Saturne, & l'humeur du Croissant:
Et que, si tu luisois en la voûte plus basse,
Tu cuirois les humains de l'ardeur de ta face.
Qu'au rebours si ton feu chez Saturne écleroit,
A faute de chaleur toute chose mourroit.
    Je veus en méme tans chanter que ta nessance
Fét renétre ce Tout: que deuant ta presance
La nege, le broüillas, l'Oisiueté, la Nuit,
Le Fantome, la Peur, & le Somne s'enfuit:
Bref, c'est vn Ocean qui n'a ne fons ni riue:
Et le trop de sujet de parole me priue.
    Si veus-je toutefois, ô Roi du Ciel, ie veus,
Qu'entre cent mile fleurs qui cernent tes cheueus,
Ma main chaste en élise vne ou deux des plus beles
Pour en fere vn present à tes Sœurs immorteles.
Ie veus, ô cler Flambeau, chanter que tu n'es pas
De ces Rois, qui pipés par les flateurs apâs
D'vn ou deux de leur Cour, tout vn puple apourissent,
Afin que de ses biens deux ou trois s'enrichissent.
Qui charmés des douceurs de mile voluptés*

Ne

Ne hantent, partiaus, qu'vne de leurs Cités,
Et n'aimant qu'vn païs, à de mal-sages Princes
Abandonent le soin du reste des Prouinces.
Car à châque païs dans l'espace d'vn iour
Tu dones le bon-soir, tu dones le bon-iour:
Et ton œil loin-voiant, come Censeur visite
Les merueilleuses mœurs des bourgeois d'Amphitrite,
Les amours des oiseaus, les troubles excités
Par vne auare faim dans nos plus grans Cités.

Il est bien vrai qu'afin qu'vne chaleur feconde
Raieunisse de rang tous les climas du Monde:
Et que tous les humains ressentent de plus prés
Par ordre alternatif la vertu de tes rez,
Tu fés que ce beau Char, qui la clarté nous porte,
Ne naisse châque soir par vne méme porte:
Ains pour fére par tout connoitre tes trauaus,
Tu changes châque iour d'etable à tes cheuaus:
Afin que ce-pendant qu'ici l'Automne dure,
Le Printans regne ailleurs, attiffé de verdure:
Et tandis que l'Æté desséche nos moissons:
Ailleurs le froid Hiuer couure tout de glaçons.

Tu n'as si tôt flechi ta flamboiante course
Du plus haut lieu du Ciel vers les clers Feus de l'Ourse,
Pour t'égaïer trois mois ez riantes maisons
Du Mouton, du Toureau, & des freres Bessons,
Que la troupe des mons de farine couuerte
Son blanc abillement ne change en robe verte:
Que de fleurs les iardins ne se voient parés,
De feüillage les bois, & d'herbage les prés:

Q

Que le mignard Zephir ne baiſote ſa Flore:
Que les chantres ælés ne ſaluent l'Aurore:
Que par l'ær Cupidon ne blece les oiſeaus,
Sur terre les Humains, les Poiſſons dans les eaus.

  Puis quand d'vn chaud retour tu ralumes ton cierge
Au foyer du Lion, du Cancre, & de la Vierge,
La terre ſe creuaſſe, & d'épics ſurdorés
L'Æté va couronant ſa métreſſe Cerés:
Le Faucheur pantelant & de chaud, & de peine,
Tond d'vn fer recourbé les cheueus de la pleine:
Et le bon ménager, qui fét tout par ſaiſon,
Auitaille en vn mois pour vn an ſa maiſon.

  Quand du milieu du Ciel ton cler Flambeau s'en-vole
Vers les Aſtres croiſés de l'Antarctique Pole,
Pour ſe leuer trois mois, & trois mois ſe coucher
Chez le cler Scorpion, la Balance, & l'Archer:
La Terre peu à peu ſa beauté nous derrobe:
Pomone va chargeant le deuant de ſa robe,
Et ſes cliſſés paniers de fruis aigrement dous
Pour ſeruir de deſſert à ſon mal-ſains Epous,
L'Atomne, qui, pié-nu dans la claye trepigne,
Féſant par tout couler le dous jus de la vigne.

  Puis logeant chez le Dain, la Cruche, & les Poiſſons.
L'Hiuer au lieu de fleurs ſe pare de glaçons:
L'eau des tois pend en l'ær: & l'épous d'Orithie
D'vn ſoufle briſe-roc éuente la Scythie:
Tout languit en pareſſe: & Bacchus, & Vulcan
Corrigent la froideur des plus vieus mois de l'an.

  O le ſecond honeur des celeſtes Chandeles,

Aſſeuré

Aſſeuré Calendrier des Faſtes éterneles,
Princeſſe de la mer, Flambeau guide-paſſant,
Condui-ſomne, aime-paix : que dirai-ie, ô Croiſſant,
De ton front inconſtant, qui fét que ie balance,
Tantôt çà tantôt là d'vne vaine inconſtance?
   Si par l'œil toutefois l'humain entendement,
De cors tant éloignés peut fére iugement,
I'eſtime que ton cors eſt rond come vne bale,
Dont la ſuperficie en tous ſes frons égale,
Come vn miroir poli, or deſſus, or deſſous,
Refléchit la clarté du Soleil ton Epous.
Car come la grandeur du mari rend illuſtre
La feme de bas lieu. Tout de méme le luſtre
Du chaleureus Titan éclercit de ſes rez
Ton front, qui de ſoi-méme eſt ſombrement épés.
   Or cela ne ſe fét touiour de méme ſorte:
Ains d'autant que ton Chár plus vitement t'emporte,
Que Phlegon ſon Phœbus : diuerſement tu luis,
Selon que plus, ou moins ſes aproches tu fuis.
   Voila pourquoi tandis qu'vne nuit ſombre accouple
D'vn baiſer tout diuin les cors d'vn ſi beau couple:
Lors que le Guide-dance, & le Métre, & le Roi
Des celeſtes Brandons, raye a-plom deſſus toi,
Ton demi-rond, qui voit des mortels la demeure,
Suiuant ſon naturel du tout ſombre demeure.
   Mais tu n'as pas ſi tôt gaigné ſon clér côté
Qu'en ton flanc ja blanchit vn filet de clarté:
Vn arceau mi-bandé, qui s'enfle, ou moins ta Coche,
Soit de nuit, ſoit de iour, du cler Soleil aproche,

Q ij

Et qui parfét son rond soudain que ce flambeau
D'vn opposite aspét le regarde à niueau.
  De ce point peu à peu ton plain se diminuë,
Peu à peu tu te fés vers l'Occident cornuë:
Iusqu'à ce que tombant eZ bras de ton Soleil,
Veincuë du plaisir, tu fermes ton bel œil.
  Ainsi tu te refés, puis tu te renouuelles,
Alant touiour au change, & les choses morteles,
Come viuant sous toi, sentent pareillement
L'insensible vertu d'vn secret changement.
  Non que touiour Phœbus de ses reZ n'illumine,
A peu pres la moitié de ta face diuine:
Mais il semble autrement à l'œil qui ne voit pas,
Que de ton globe rond l'Hemisphere d'embas:
Bien que croissant vers nous, vers le Ciel tu décroisses:
Que vers nous décroissant, deuers le Ciel tu croisses.
  Toutefois il auient lors méme que ton front
En son plus haut chemin nous apparoit tout rond:
Et que le voile épés d'vn bigarré nuage,
Ne nous peut dérrober les rez de ton visage,
Que ton argent s'éface, & que ton teint soüillé
Se couure de l'acier d'vn rondache roüillé.
Car ton front se treuuant durant son cours oblique
Vis-à-vis du Soleil en la ligne Ecliptique,
Et la terre entre-deux, tu pers ce lustre beau,
Que tu tiens à profit du fraternel flambeau.
  Mais pour te reuancher de la Terre, qui garde
Que pour lors front à front Phœbus ne te regarde,
Ton épesse rondeur se loge quelquefois

Entre

Entre Phœbus & nous sur la fin de ton mois.
Et d'autant que les rez qui partent de sa face
Ne trauersent l'épés de ton obscure masse,
Phœbus, come sujet aus douleurs du trépas,
Semble étre sans clarté, bien qu'il ne le soit pas.
   Ainsi donc ton Eclipse est au sien tout contrére,
Le tien se fét souuent : rare est cil de ton frere,
Ton Eclipse vraiment efface ta beauté:
Le sien priue nos yeus, non son front de clarté.
La terre est cele là qui te rend ainsi sombre:
L'Eclipse du Soleil est causé par ton ombre.
Ton front vers le Leuant se comence obscurcir:
Son front vers l'Occident se comence noircir.
Ton Eclipse se fét, quand plus tu ne peus croitre:
Le sien quand plus ton œil ne peut vers nous décroitre.
Le tien est general vers la Terre & les Cieus:
Le sien n'est méme ici connu qu'en certains lieus.
   Mais, ô Lampe du iour, cler honeur des étoiles,
L'Eclipse qui banda tes yeus de tant de voiles,
Quand tu vis Eclipser pour nos fets vicieus,
L'inimitable Ouurier des clers Flambeaus des Cieus,
Feut bien d'autre façon. La troupe basanée,
Qui raye les guerés de la riche Guinée.
Cil que le Nil second par l'éfroiable bruit
De sa cheute pierreuse essourde iour & nuit.
Cil qui dans le grand clos des murs de Cassagale
Foule à sec de ses piés la mer Orientale,
Et qui passe, en suiuant tous ses beaus carrefours,
Et douze mile pons, & douze mile tours,

Q iiij

Cil qui pour s'enrichir chasse de lande en lande
Les martres au dous poil de Nouerge, & Finlande:
Ou qui roule sans peur ses glissans tombereaus
Sur le dos non-flotant des Islandoises eaus,
Fut témoin de ton dueil, & sceut par coniecture
Que Nature soufroit, ou le Dieu de Nature.
 Et qui plus est encor de la Lune le front
Parfésoit au compas le blanc trét de son rond:
Et pour étre si loin, ne pouuoit de son ombre,
Suiuant l'ordre commun, rendre ta face sombre.
Voire ton jaune teint, voiant ta Sœur venir,
Du côté de Leuant se commença ternir.
Bref mon œil qui se perd en si diuins spectacles
Treuue en ce seul miracle vne Mer de miracles.
 Hé! vraiment tu deuois, comme aussi tu l'as fét,
Clorre l'œil pour ne voir l'horreur d'un tel forfét:
Et vraiment tu deuois dessus nôtre Hemisphere
Porter ainsi le dueil de la mort de ton Pere:
Par ta honte honorer ce grand Roi, dont tu tiens
En homage l'honeur de tes plus rares biens:
Et, nauré des dolcurs d'une si grieue iniure,
Pour plaire au Tout-puissant déplaire à la Nature.
 Ainsi pour témoigner de Midi iusqu'au Nort
Que ton Dieu reuoquoit le triste arrét de mort
Doné contre Ezechie: & qu'il auoit enuie
D'alonger pour quinze ans le filet de sa vie,
Transgressant du cler Ciel les éterneles lois,
Tu refés en vn iour méme chemin trois fois:
Et come desireus de someiller encore

               Entre

Entre les bras aimés de ta vermeille Aurore,
Ta Coche tourne-bride : & tes suans cheuaus
De dix entiers degrés alongent leurs trauaus.
Les quadrans sont menteurs : & les forés plus sombres
S'émerueillent d'ainsi voir reculer leurs ombres.
  Ainsi lors que le Ciel, colere, combatoit
A la solde d'Isac, lors que le Ciel ietoit
Parmi dix mile éclers, sur les bandes roïales
Du puple Amorrean vne nuë de bales :
Et que, pour abolir d'vn fer victorieus
Tout ce qu'échaperoit à la fureur des Cieus,
Iosué t'adiura : ta brillante lumiere
Fit ferme au beau milieu de ta longue carriere :
Et, pour fauoriser l'Exercite sacré,
S'arréta tout vn iour en vn méme degré :
Afin qu'vne nuit brune à l'ombre de ses ales,
Clemente, ne sauuât les fuiars infideles.
Ceus, qui viuent là-bas sous vn Pole Diuers,
Voiant que l'Astre cler, qui dore l'Vniuers,
Tarde tant à montrer sur eus sa face bele,
Estiment céte nuit vne nuit éternele :
L'Indois, & l'Espagnol ne pense de son œil
Voir plus chez soi leuer, ni coucher le Soleil :
Touiour l'ombre des tours en méme lieu demeure,
Et le Quadran ne marque en douze heures qu'vne heure.

FIN.

CINQVIEME IOVR
DE LA SEPMAINE DE G.
DE SALLVSTE, SEIGNEVR
du Bartas.

Latonides Flambeaus, qui d'vn chemin diuers
Or la nuit, or le iour guidés par l'Vniuers,
Peres du Tans ælé, sus, hâtés vos carrieres:
Franchissés vitement les contréres barrieres
De l'Aube, & du Ponãt: & par vôtre retour
L'imparfét Vniuers fétes plus vieil d'vn iour.
 Vous Poissons, qui luisés dans l'Echarpe étoilée,
Si vous aués desir de voir l'onde salée
Formiller de poissons, priés l'Astre du iour
Qu'il quitte vitement le flo-flotant sciour:
S'il veut qu'en refésant sa course déstinée
Vous le logés chez vous vn mois de châque année.
 Et toi Pere éternel, qui d'vn mot seulement,
A coises la fureur de l'ondeus Element:
Toi, qui croulant le chef, peus des Vens plus rebeles
Et les bouches boûcher, & déplumer les æles.
Toi grand Roi de la Mer, toi dont les hameçons
Tirent vifs les humains du ventre des poissons,
Pouruoi moi de bâteau, d'Elice, & de Pilote:
Afin que sans perir de mer en mer ie flote.

Ou

Ou plutôt, ô grand Dieu! fai que, plongeon nouueau,
Les puples écaillés ie visite sous l'eau:
Afin que dégoutant, & chargé de pillage
Ie chante ton honeur sur le moite riuage.

 L'Eternel eut en vain orné le Ciel de Feus,
Les plaines de moissons, les mons de bois toffus,
Separé l'ær du feu, & la Terre de l'onde,
S'il n'eut puplé soudain de cors viuans le Monde.
Voila pourquoi ce Iour il comence animer
Les nageurs Citoiens de la venteuse mer,
Des étangs engourdis, & des fuiantes ondes,
Qui par les chams fecons se roulent, vagabondes:
Rendant tant de poissons en forme si diuers,
Qu'on voit come plongé dans les eaus l'Vniuers.

 L'onde a come le Ciel Lune, Soleil, Etoiles,
Neptun' non moins que l'ær abonde en Arondeles:
La Mer a tout ainsi que l'Element voisin
Sa Rose, son Melon, son Oeillet, son Raisin,
Son Hortie poignante, & cent mile autres plantes,
Ainsi que vrais poissons dans ces ondes viuantes.
Ele a son Herisson, son Belier, son Porceau,
Son Lion, son Cheual, son Elefant, son Veau:
Ele a méme son Home: &, ce que plus i'admire,
De ses gouffres proufons quelquefois ele tire
Son Moine, & son Prelat: & les jetant à bord,
En fét montre aus humains, qui viuent sous le Nort.

 Espris vraiment diuins, à qui les premiers âges
Doiuent l'inuention des plus subtils ouurages,
N'a-vous pris le patron de vos meilleurs oûtis

R

Dans le flotant giron de la perse Thetis?
Qui tantôt pres du sable, ore contre ses roches
Produit fecondement des Aiguilles, des Broches,
Des Pennaches, des Coins, des Pinceaus, des Marteaus,
Des Tuyaus, des Cornets, des Rasoirs, des Coûteaus,
Des Scies, & des Iougs : & come si Neptune,
Panopæ, Triton, Leucothée, & Portune
Tenoient regitre ouuert, Nature fit sous l'eau
Des Calemars garnis d'encre, plume, & coûteau.

 Come, un Peintre excellant, pour s'ébatre ores tire
Vn gentil Adonis, ore un bouquin Satyre:
Ore un Cyclope enorme, ore un Pigmée Indois:
Et ne trauaille moins son esprit, & ses dois
A quelquefois tirer un horrible Chimere
Qu'à peindre les beautés de l'honeur de Cithere:
Tout ainsi l'Eternel, afin que les Humains
En la diuersité des œuures de ses mains
Admirassent sa force : & qu'ils eussent des marques
Pour pouuoir discerner de la mer porte-barques
Les moites Citoyens : en formant l'Vniuers,
Châque espece séla d'un cachet tout diuers.

 Les uns come le Poulpe, & la Seche verse-encre
Ont le chef pres des piés : d'autres come le Cancre
L'ont dessus l'estomac : & les autres n'ont pas
(Tels sont l'Huitre, & le Lieure) æles, téte, ni bras
Ains de leurs cors broüillés les parties confuses
Sont d'etrange façon l'une en l'autre diffuses.

 A peine le marchand de Lisbone, ou de Tyr
Peut une seule nef de maint arbre bâtir.

            Mais

Mais l'Arabe pécheur bâtit tout un nauire
D'vne seule Tortuë : &, ménager, retire
D'ele tant de profits, que son couuercle fort
Lui sert de nef sur l'eau, & d'hôtel sur le port.
   Doi-ie metre en oubli l'énorme Senedette,
Qui, crachant dans Tethis, vne autre Tethis jette:
Et verse tant de flôs sur les prochains bâteaus,
Qu'ils s'enfondrent soudain sous les baueuses eaus?
   Doi-ie oublier les Tons, qui contre ce grand Prince,
Qui fit du Monde Eoe vne seule Prouince,
Se mirent en bataille : & d'vn plus braue cœur
Attaquerent son ôt ja tant de fois veincueur,
Que ni les deffenceurs des Phænices murailles,
Ni Pore en vn combat, ni Daire en trois batailles.
   Quand i'aperçoi sortir hors des flôs l'Epaular,
Le Priste, ou la Balene, ou le souffleur Gibar,
Il semble que ie voi encor vn coup errante
L'ortygiene Dele : & qu'vne âpre tourmente
Renuerse l'Ocean, quand ses Monstres hagars
Es regnes de Pluton font regner le dur Mars.
   Le Nocher, qui durant sa dangereuse course
Se laisse plus guider par le gain, que par l'Ourse,
En a veu quelquefois sur les Indiques bors
Qui cachoient deux arpens sous leurs enormes cors.
Il en a veu souuent sur les ondes Australes
Qui portoient sur leur dos deux grans roües égales,
Dont les bras dégoutans sembloient les bras toilés
D'vn moulin agité par les Austres ælés.
   Mais ce grand Dieu qui tient la Nature en Nature,

R ij

Ne les fit seulement differens de figure,
Ains beaucoup plus de mœurs : afin que nos espris
Fussent, non moins que l'œil d'étonement épris :
Et qu'encor toute vois, & tout stile, & tout âge,
Loüangeasse l'Ouurier, en loüant son ouurage.

 L'un vit eZ douces eaus, l'autre dans l'Océan :
L'autre quittant la mer voiage châcun an
Dans la proche riuiere, &, suiuant ses fortunes,
A le commerce franc par tous les deux Neptunes,
Seigneur de deux Palais, dont l'un est habité
Durant l'Hiuer frilleus, l'autre durant l'Æté.

 Come les Citadins qu'une guerre ciuile,
A tenu longuement prisonniers dans leur vile,
L'heureuse paix venuë, & le siege leué,
Quittent le Fort pour fort d'un fort camp éprouué :
Et lassés du trauail, trois à trois, quatre à quatre,
Coronés de bouqués, s'en vont aus chams ébatre.
Tout ainsi le Saumon, le creint-foudre Coulac,
La Lamproye étoilée, & le vanté Creac,
Les tempéteuses mers au Printams abandonent :
Et dans les flôs courans mile plaisirs se donent.
La foison toutefois des més delicieus,
Des fleuues cristalins le seiour gracieus,
Le dous-flérant tapis des émaillés riuages,
Ne peuuent effacer de leurs tendres courages
L'amour de la patrie : ains ils veulent que l'eau
Des goulfes orageus leur serue de tombeau :
Semblables au François, qui durant son ieune âge,
Et du Tibre & du Po fraië le beau riuage :

           Car

Car bien que nuit & iour ses Espris soient flatés,
Du pipeur escadron des douces voluptés,
Il ne peut oublier le lieu de sa naissance:
Ains châque heure du iour il tourne vers la France
Et son cœur,& son œil, se fachant qu'il ne voit,
La fumée à flôs gris voltiger sur son toit.
 L'vn, Coursaire cruel, vit des seuls brigandages,
Qu'il fét en haute mer. L'autre suit les riuages
Pour se nourrir d'écume : & l'autre pait sa chair
Au milieu de Thetis de l'alge aime-rocher.
Et l'autre, s'abstenant des hasars du fourrage,
Ne mange rien du tout, ains vit du seul breuuage.
Car la mordante humeur du vageus Element
Lui sert, sans autre més, de parfét aliment.
 L'vn aime les Torrens, qui, murmurans, bondissent
De rocher en rocher, qui, courroussés, rauissent
Et riuages & pons : & ne sont arrétés,
Que par le frain ardant des boüillonans Ætés.
L'autre préque touiour heberge dans la bouë
Des étangs engourdis : &, morne, ne se iouë
Dans le cristal des eaus, qui d'vn cours éternel
Se roulent par les chams vers le sein maternel:
 Ainsi que la pluspart des Princes de la terre,
N'ont repos qu'en trauail, ni paix qu'en tans de guerre:
Les autres au contrére aiment si cherement
Le sommeilleus repos, que le bruit seulement
D'vn Mars encor lointain de fraieur les acable,
Et treuuent sans la paix tout bon-heur miserable.
 O Citadins des flôs, quel partage borna

R iij

Vôtre flotant sejour? quel Monarque cerna
Vôtre Cité de murs? quele ordonnance humaine
Vous deffend d'attanter sur le prochain domaine
De vos freres nageurs? come ores nous féſons,
Aioûtant chams à chams, & méſons à méſons,
Mons à mons, mers à mers : & s'il ſe pouuoit fére,
Au Monde vn autre Mõde. Et vous, qui pour vous plére,
Et pour plus ſeurement éclorre vos petis
Changés, ſages Poiſſons, quelquefois de Thetis :
Quel Caldée ſçauant, quel Deuin vous anonce :
Le tans plus opportun? quel Heraut vous denonce
Le iour qu'il faut partir? quele Guide conduit
Par païs inconnus vos bandes iour & nuit?
Qui ſe dit vôtre Chef? quele Aiguille, quele Ourſe
Meſure le chemin de vôtre longue courſe?

 Vraiment c'est celui-là qui vous forma d'vn rien
Sans moule, & ſans patron : qui du mal, & du bien
A laiſſé quelque Idée en vos cerueaus écrite,
Afin que l'home accort fuiant l'vn, l'autre imite.

 L'adultere Sargon ne change ſeulement
De feme cháque iour ſous l'ondeus Element :
Ains, come ſi le miel des voluptés des ondes
Ne pouuoient aſſouuir ſes amours vagabondes,
Les Cheures il courtiſe, & ſur les bors herbus
Veut goûter les plaiſirs qu'ont leurs maris barbus.

 Contrére au naturel de l'enfumé Canthare,
Qui du deuoir Nocier tant ſoit peu ne s'égare :
Ainçois, fidele épous, paſſe ſes chaſtes iours
Sans fére banqueroute aus premieres amours.

Mais

Mais la Muge n'a point en amitié d'égale:
Car voiant que, captif, on traine au bord son mâle,
Forcenée de dueil, le suit iusques au bord,
Prête d'acompaigner son mari, vif, & mort:
Tout ainsi que iadis les Thraciennes Dames,
Viues, s'aloient ieter sous les funestes lames
De leurs blémes épous : loiales, ne pouuant,
Leurs maris étans mors, humer plus l'ær viuant.

Hé! qui pourroit assés admirer la sagesse
De ce béant Poisson, qui contemple sans cesse
Le bal des Astres clérs, ne trouuant sous les Cieus
Vn plus digne suiet pour exercer ses yeus?
Car come le Piuert pousse sa langue morne
Hors du fendu poinçon de sa bouche de corne,
Afin que des formis, qui lui courront dessus,
Il hume puis-apres les escadrons deceus:
Bequeté par la faim, sous la bourbe il se couche,
Montrant vn peu de chair qui rougit dans sa bouche:
Où maint poisson accourt mordilant céte peau,
Qui du premier abord semble étre vn vermisseau:
Mais lors le Tapecon l'engorge aueques elle,
Armé touiour de ver, d'hameçon, de cordelle.

L'oZene ingenieus desirant arracher
De l'huitre au bord baueus la delicate chair,
Nage tout belement, & sous les ondes bouche
D'vn caillou fét en coing son entr'ouuerte bouche:
Se creignant, que plutôt qu'il prene son repas,
L'huitre, fermant ses os, ne cizele ses bras:
Et que pensant ioüir de la chose conquise,

Peu-sage, il ne soit fét la prise de sa prise.
　　La Torpille, qui sçait qu'ele porte en son flanc
Vn hiuer insensible, vn pestifere sang,
Vn inconnu pauot, vne haleine cruele,
Qui roidit tous les cors qui s'auoisinent d'ele,
Verse traitreusement sur les proches poissons
Ie ne sai quels venins, ie ne sai quels glaçons :
Dont l'étrange vertu s'épandant par les ondes,
N'arrète seulement leurs troupes vagabondes,
Ains méme endort leurs sens : puis se pait de leurs cors,
Dont les membres gelés sont, & mors, & non mors.
　　C'est elle, qui sentant dans sa gorge écorchée
Du trompeur hameçon ja la pointe accrochée,
Ne fét point tout ainsi que mains autres poissons,
Qui se sentans blecés des crouchus hameçons,
Se tourmentent en-vain, se branlent, se secoüent,
Et pensant échaper, de plus en plus s'encloüent
Dans le fer apâté : ains, rusée, embrassant
La ligne pêcheresse, ele va vomissant
Dans les flôs vn venin, dont la force subtile
Court au long de ce fil, & du fil auant file
Tout au long du bâton, & du bâton auant
Rampe iuques au poin, qui soudain se treuuant
Roide, glacé, perclus, sans voloir laisser, laisse
Son domageable oûtil, & sa proïe traitresse.
　　Bref, il semble celui, qui tout contre son lit
Pense voir en dormant vn fantastique Esprit :
Suant, tremblant, ronflant, à son aide il apele
Sa feme & ses enfans : mais son sein, qui pantele,

Etoufe

Etoufe ſa parole. Il veut ioüer des mains:
Mais le ſomne & la peur rendent tous ſes cous vains.
Il veut gaigner au pié: mais ſes iambes eſclaues
Se ſentent retenir de peſantes entraues.

 Que ſi la Scolopendre auale le morceau
Fourré d'vn fer crouchu, auſſi tôt deſſous l'eau
Auec tous ſes boïaus dehors ele les tire.
Puis, franche de danger, tout belement retire
Ses gliſſans inteſtins: & fét que dans ſon flanc
Vn deus ne change point d'ofice, ni de rang.

 Le Renard charitable, & la perſe Lamie
Sans metre en tel danger leurs boyaus, & leur vie,
Se ſçauent dépétrer du ferré vermiſſeau.
Car aiant engorgé le deceueur morceau,
Sans en rien s'émouuoir plus auant ils l'aualent:
Et puis tranchent les fils, qui ſous les flôs deualent:
Si que leur ennemi, au lieu d'vn beau poiſſon,
Ne tire qu'vn courdeau dépourueu d'hameçon.

 C'eſt ainſi que la Seche étant ja ſur la porte
Des priſons de Pluton, d'vne ſageſſe acorte
Le fraude de tribut: d'autant qu'aperceuant
Qu'ele chet ja déja dans le rêt deceuant
De l'attentif pécheur, & qu'vn ſeul ſtratagéme
La peut ſauuer des mains de la Parque plus bléme:
Dans l'onde ele vomit vne noire liqueur
Nourrie tout exprés, pour de ſon fin vainqueur.
Eblouïr les clérs yeus, & pour aueques gloire
Par l'aide du flot noir éuiter l'onde Noire.

 Et come vn priſonier, qui conuaincu cent fois

S

Et par la vois publique, & par sa propre vois
D'vn crime capital : &, geiné par son vice,
D'heure en heure n'atand que l'heure du suplice,
Epie tous les coins de la triste maison:
Et cherche tous moiens de sortir de prison.
Le Scare emprisoné dans la flotante nasse,
Parmi l'osier courbé cherche quelque creuasse,
Où il fourre sa queuë, & d'ele il bat si fort
Et l'vn & l'autre osier, que de prison il sort.
Que si son compagnon le voit en céte peine,
Il le prend par la queuë, & tant & tant se peine,
Qu'il le tire dehors : voire auant sa prison,
S'il le voit acroché du mordant hameçon
Il saute au poil retors, & sa dent affilée
Le trenche finement dessous l'onde salée.

    Vous cœurs, où le burin d'vne sainte Pitié
Ne peut onques grauer vn seul tret d'amitié,
Visités céte Mer par mes chans accoisée,
Et vous y trouuerés maint Damon, maint Thesée.

    Les dorés Sparaillons aussi tôt que l'hiuer,
De glaçons herissé, recomence arriuer,
Come en vn peloton, preuoians, s'amoncelent:
Et, seuls mourans de froid, assemblés se dégelent.

    Ces petis poissons blancs, qui sacrés à Venus,
Sans son alme faueur naissent des flôs chenus,
Se voians exposés en pròye à toute sorte
Des goulus animaus que l'Amphitrite porte,
S'assemblans par miliers, entrelassans leurs cors
De tant détrois replis, qu'ils se font assés fors

Et

Et pour se garentir des gueules des Corséres,
Et pour frener le cours des plus vites galéres.
 Ainsi qu'une Carraque acablée du fés,
De sa propre grandeur, & de son propre lés,
Ne se tourne aussi tôt ore à gauche, ore à dextre
Que fét le galion, ou la fregate adextre.
Et come le cheual de membres trop chargé,
Qui s'est au bord du Rhin en ieunesse hebergé,
Ne manie iamés si bien par la campaigne
Que le Barbe leger, ou le Ienet d'Hespaigne:
La Balene n'a point vn si pront mouuement
Que les petis poissons : ains choque lourdement
Ore contre vn rocher : ore, aueugle, se lance
Dans des bruians détrois. Et sans la preuoiance
Du fidele Poisson, qui la guide à trauers
L'écumeuse fureur de cent goulfes diuers,
Ele ne sentiroit dans le sein de Neptune
Recroitre douze fois les cornes de la Lune.
Poisson tel que le fis, qui va guidant touiour
Son pere ja priué de l'vsufruit du iour,
Fésant que le vieillard méme en voie inconnuë,
Bien qu'il soit priué d'yeus, ne soit priué de veuë.
 Thetis mere des eaus, bien que tes moites bras
Ceignent tout l'Vniuers, si n'aperçoi-tu pas
Dans tes regnes flotans vne amitié qui passe
L'amitié de la Pinne, & du Pinnophilace.
Tous deux n'ont qu'vn Palais : tous deux n'ont qu'vn repas,
Qu'vne vie, qu'vn soin, qu'vn plaisir, qu'vn trépas.
L'vn fét logis à l'autre : & l'autre en recompence

S ij

De l'hôtelage saint, fournit à sa dépance.
Car la Pinne tenant ouuert son tét vanté,
Mains poissons atirés par son nacre argenté
Se iettent là dedans : lors le Pinnophilace
Connoissant que la proye est digne de leur chasse,
D'vn piquant aiguillon lui fét sçauoir qu'alors,
Ele doit refermer de son étui les bors.
Ce que la Pinne fét : puis, bien aise, diuise
Entre l'Epie, & soi, par lots égaus la prise.

 Hé ! quel stile disert : O Nautil, ô Pompile,
Pourroit assés vanter vôtre adresse gentile?
Vraiment si de Iapha le traffiqueur lointain,
Semble étre combourgeois du riche Lusitain.
Si cent mile tresors nés sous vn autre Pole
Semblent naitre en nos chams : si sans ales on vole
Du Midi iusqu'au Nort par cent chemins diuers.
Bref si le large tour de ce riche Vniuers
Semble étre vn champ commun sans haye, & sans limite,
Où des plus rares fruits vn chacun a l'élite,
Nous vous deuons cét heur. Car ou soit que Tiphis,
Soit que le sang d'Æson, soit que de Bel le fis,
Charpenta le premier des maisons vagabondes,
Pour domter la fureur & des vens & des ondes:
Quel qu'il fut, il aprit de vous l'art de ramer,
Et d'aler à pié sec sur les flôs de la mer.

 Ici ie me tairoi : mais le marin Hermite
Me force d'alonger ce Chant par son merite.
Car le Seigneur qui veut se couurir de rempars,
Contre l'ire du Ciel, & la fureur de Mars:

Achett

Achete cherement du futur edifice
Et la riche matiere, & le docte artifice.
Mais lui sans acheter pierre, fer, chaus, marrain,
Le dos du manouurier, ni du maçon la main:
Sans empromter maison: sans payer nul loüage,
Se loge seurement. Car s'il treuue au riuage
Quelque commode tét, dont le seigneur natal
Soit ja dépossédé par le Decret fatal,
Se muçant là dedans, il prent l'inuestiture
Du domicile acquis par le droit de Nature,
Qui veut qu'vn bien sans métre apartiene à celui
Qui l'ocupe premier. Dans ce nouuel étui,
Ou plutôt dans ce bers il passe sa ieunesse:
Puis croissant tout ensemble & d'âge, & de sagesse,
Prend vn plus grand logis, pour passer là dedans
Dessus l'azur salé le reste de ses ans.

   Clion, pourquoi fais-tu, longuement importune,
Come vn dénombrement des hôtes de Neptune?
Si tu veus en ses fets admirer le grand Roi
Des climats ondoians, Muse contente toi
D'vn des moindres poissons qui peut rendre notoire
Du grand Roi de la mer & la force, & la gloire.

   Que les vens forcenés s'assemblent tous en vn:
Que, secourus du flus, ou reflus de Neptun',
Ils choquent vne nef: & que la force accorte
De cent longs auirons leur face encor escorte.
La Remore fichant son débile museau
Contre le moite bout du tempété vaisseau,
L'arréte tout d'vn coup au milieu d'vne Flote,

S iij

Qui suit le vueil du vent, & le vueil du pilote.
 Les rennes de la nef on lâche tant qu'on peut:
Mais la nef pour cela charmée ne s'émeut:
Non plus que si la dent de mainte ancre fichée
Vint piés dessous Thetis, la tenoit attachée.
Non plus qu'vn Chéne encor, qui des Vens irrités
A mile & mile fois les effors dépités,
Ferme, n'aiant pas moins, pour souffrir cète guerre,
De racines dessous, que de branches sur terre.
 Di nous, Arréte-nef, di nous coment peus-tu,
Sans secours t'opposer à la iointe vertu
Et des vens, & des mers, & des cieus, & des gasches?
Di nous en quel endroit, ô Remore, tu caches
L'ancre qui tout d'vn coup bride les mouuemens
D'vn vaisseau combatu de tous les Elemens?
D'où tu prens cét engin : d'où tu prens cète force,
Qui trompe tout engin, qui toute force force?
 J'auois ancré déia ma Nef dedans le port,
Et déia ie tenoi l'vn pié dessus le bord,
Quand voici le Dauphin qui tout contre la riue,
Pour taxer mon obli, plein de dépit, arriue.
 Tai-toi camus Nageur, tai-toi sacré Poisson:
Car ie vouë à ton los la fin de ma chanson.
Roi des puples viuans és Prouinces salées,
Inuincible domteur des bandes ecaillées,
Qui viuant vis touiour: Car iamés dans tes os
Ne coule le sommeil, vrai portrét d'Atropos:
Aime-naus, aime-humains, aime-vers, aime-lire.
Qui montes & décens plus roide qu'vne vire

Par

Par le Monde salé : qui cheris tant les mers,
Qu'en la fleur de tes ans, perdant l'eau, tu te pers.
Tu fus vite poisson, tu fus l'heureus nauire,
Qui mit iadis à bord l'Amicleane lyre.
 Arion sou de l'or, & contant de l'honeur,
Acquis au bord Latin par son pouce soneur :
Pour humer derechef le docte ær de la Grece,
S'embarque en vne nef auarement traitresse.
 Ja la riue s'enfuit : le Tarentin rempart
Se dérobe à ses yeus : déia de toute part
Il ne voit qu'Onde & Ciel : & sur la plaine humide
Le Pilote n'a rien que le Quadran pour guide.
 A ce coup les Nochers (qui sont le plus souuent
Plus traitres que la Mer, plus mutins que le Vent)
Lui prenent le manteau : le pourpoint lui dépoüillent :
Pour treuuer son tresor haut & bas le refoüillent :
Et quand ils l'ont treuué, sur le bord du Vaisseau
Vont tirassans son cors pour le ieter dans l'eau
 Fis (dit-il en pleurant) du flo-flotant Nerée,
Qui des eaus & des ærs domtés la force irée :
Qui or le moite Monde, or le sec habités :
Qui les deux gonds du Ciel, vagabons, frequentés :
Ma suppliante bouche à môs rompus ie n'ouure,
Afin que ce peu d'or qu'on m'a pris ie recouure :
Car mon plus beau tresor ne git qu'en mes chansons :
Et du Dieu porte-lut les sacrés nourrissons,
Cherissant seulement les Vierges de Permesse,
Foulent d'vn pié veincueur toute humaine richesse.
 Je vous pri seulement que vous ne ietés pas

Sur un mignon des Dieus vos homicides bras:
Ainsi du Far Messin les Nimphes chanteresses
Boûchent en vos faueurs leurs bouches charmeresses:
Et le Cor de Triton apaise le courrous
De Neptun iustement irrité contre vous.

 Que si, las ! ie ne puis impetrer tele grace,
(Come déia mon œil le lit sur vôtre face:)
Permetés pour le moins que mes funebres dois
Marient leurs fredons à ma derniere vois:
Afin que le saint Kœur des Deïtés marines
Admirant la douceur de més chansons diuines,
Traine mon cors à bord : & l'arrousant de pleurs
Cache ses membres frois sous un monceau de fleurs.

 Pousse donc Arion (dit la Troupe felonne
Des criars Mariniers) pousse donc, & nous done
Ensemble or, & plaisir. Lors, batant doucement
Les nerfs enchante-cœurs de son dous instrument,
Il charme l'Ocean d'une tele harmonie,
Que le Congre sans peur vit en la compaignie
Du Myre aus croches dens : que le Muge, & le Loup
Leur haine hereditaire oublient pour ce coup:
Et la Langouste encor sur le dos d'Amphitrite
Du Poulpe aus piés larrons les aproches n'éuite.

 Or parmi l'escadron de cent & cent poissons,
Qui sautelent au son des morteles chansons,
Vn Dauphin mieus que tous ses mouuemens acorde,
Aus charmeurs mouuemens de la tremblante çorde:
Pour cotoier la nef fend doucement les flos,
Et préque le semond de monter sur son dos.

Le

Le Chantre par deux fois vers les ondes on pouſſe:
Il recule deux fois: trois fois on le repouſſe:
Et trois fois il recule. En fin ſe connoiſſant,
Foible pour ſoûtenir vn effort ſi puiſſant,
Il gaigne du Dauphin la ba-branlante échine:
Dauphin, qui trauerſant l'aᵹur de la marine,
Semble, à le voir de loin, plus voler que nager
Tant ſa charge le rend acortement leger.

Il creint le moindre écueil, il creint la moindre vague
Pour ſon fais, non pour ſoi: & d'vne courſe vague
Biaiſant céte mer, cherche vn port aſſuré
Pour tirer ſon Phœbus hors du flot aᵹuré.

Tandis le Cheuaucheur à ſa chére monture
En paſſages nouueaus va payant la voiture.
O Iupiter (dit-il) qui pour l'home abimer,
Iadis de mile mers fis vne ſeule mer:
Preſeruant toutefois du general naufrage
Vne ſainte maiſon, afin qu'âge apres âge
Ton nom fut chanté d'ele: helas! jete ton œil
Sur celui, qui ja tient dans le flotant cercueil
La moitié de ſon cors: que mon cheual ſans bride,
Et ma nef ſans timon t'ayent ore pour guide:
Si que veincueur des flôs, & des venteus abois
I'imprime en-fin mes piès ſur le ſable Gregeois:
Et d'vn vœu ſolennel ie conſacre à ta gloire
Mon cœur, ma vois, ma main, & ce beau lut d'yuoire.

La mer à céte vois ſa rage ſurçoya:
Le Ciel, noirci deuant, tout ſon front baloya:
Et les Vens attantifs à ſi douces merueilles

T

Changerent tout soudain leurs bouches en oreilles.
　Le Dauphin, découurant le bord tant souhété,
Se tourmente à part-soi de s'être tant hâté:
Et pour plus longuement humer céte harmonie
Voudroit cent fois plus loin sçauoir sa Laconie.
Toutefois preferant l'inesperé salut
D'vn si rare soneur au dous son de son lut,
Il le conduit à terre : & tant le fauorise,
Qu'il recouure la vie où la vie il a prise.
　Muse, mon soin plus dous, sortons auec Ionas
Du flanc de la Balene : & pour ne floter pas
Touiour au gré du vent, de l'onde, & de l'orage,
Sus, sus mon saint Amour, sus gaignons le riuage:
　Ce pendant qu'attantif ie chante les Poissons:
Que ie fouille, courbé, les secretes maisons
Des bourgeois de Thetis : voi, voi come la gloire
Des oiseaus loin-volans vole de ma memoire:
Leur cours fuiart me fuit : & mes vers sans pitié
Retranchent de ce Iour la plus bele moitié.
　Mais courage oiselets : vos ombres vagabondes,
Qui semblent voleter sur la face des ondes,
Par leurs tours & retours me contreignent de voir,
Et quele est vôtre adresse, & quel est mon deuoir.
　Je vous pri seulement (& ce pour recompence
Des trauaus que i'ai pris à vous conduire en France)
Qu'il vous plaise éueiller par vos accens diuers
Ceus qui s'endormiront oiant lire ces vers:
Car n'aiant peu fermer les veillantes paupieres
Parmi le Camp muet des bandes marinieres:

　　　　　　　　　　　　　　　　　Pourrois

Pourroit-il bien dormir parmi cent mile oiseaus,
Qui font ja retentir l'ær, la terre, & les eaus?
 Le celeste Phœnix commença son ouurage
Par le Phœnix terreste, ornant d'vn tel plumage
Ses membres reuiuans que l'annuël Flambeau
De Cairan iuqu'en Fez ne voit rien de plus beau.
 Il fit briller ses yeus : il lui planta pour créte
Vn Astre flamboiant au somet de sa téte :
Il couurit son col d'or, d'écarlate son dos,
Et sa queuë d'azur : puis voulut qu' Atropos
Lui seruit de Venus : & qu'vne mort seconde
Rendit son âge égal au long âge du Monde.
 Car aiant veu glisser dessous vn Ciel diuèrs
Et mile chaus ætés, & mile frois hiuers,
Des siecles abatu, il lui prend vne enuie
De laisser en dépos à la flame sa vie :
De mourir pour renaitre : & d'entrer au tombeau
Pour apres en sortir cent mile fois plus beau.
 Lors perché sur les bras d'vne palme il entasse
Le baume sur le nard, & le nard sur la casse :
Et sur le point du iour de leurs branches bâtit
Son vrne, son berceau, son sepulchre, son nid.
 Cependant qu'il attand qu'vne flamméche éprise
A l'odorant bûcher, ses os sacrés reduise
En genitale poudre, & que ces bois ardans
Finissent non sa vie, ains ses caduques ans :
L'Echanson Phrygien d'vne prodigue aiguiere
Ne verse sus les chams riuiere apres riuiere :
Les froidureus Trions ne couurent de verglas

T ij

Les bois Phœniciens : l'Autan ne daigne pas
Passer le bord Libique : & l'Antre Hyperborée
Retient dans ses prisons captif le froid Borée.

 Car toute la Nature aiant peur que l'Oiseau,
Qui n'a point de pareil se perde en son berceau,
Soigneuse, tient la main, soit à ses Acouchailles,
Soit à son Naitre heureus, soit à ses Funerailles.

 Méme le clér Soleil sur son lit dous-flairant
Iete un de ses Eheueus, qui tout soudain s'éprand
Aus rameaus de Sabée : & peu à peu consume
De l'immortel Oiseau & la chair, & la plume.

 Préque en méme moment de ce cendreus monceau
Nait un Ver, puis un Oeuf, & puis un autre Oiseau,
Ainçois le méme oiseau, qui né de sa semence
Deux cens lustres nouueaus trépassant recomence.
Au milieu du brasier sa bele ame reprend:
Infini par sa fin dans la tombe se rend:
De soi-méme se fét par une mort prospere,
Norrice, Nourrisson, Hoir, Fis, & Pere, & Mere:
Nous montrant qu'il nous faut & de cors, & d'ésprit
Mourir tous en Adam, pour puis renaitre en Christ.

 L'unique Oiseau ramant par des sentes nouueles,
Se voit bien tôt cerné d'une infinité d'Æles,
Diuerses en grandeur, coleur & mouuement,
Æles que l'Éternel engendre en un moment.

 La flairante Arondele à toutes mains bricole,
Tournoie, vireuolte : & plus roide s'en vole
Que la flèche d'un Turc, qui par son décocher
Fét la corde au tetin, & l'arc au fer toucher.

La

Ja volant, ele chante, & chantant, ele pense
D'emploier en lieu seur plus d'art, que de dépence,
A bâtir un Palais pour ses poussins futurs,
Dont les meilleurs Ouuriers soient come Imitateurs.
 Ele charge déia son bec de pailles fréles,
Et ses ongles de terre, & d'eau ses noires æles,
Ele en fet du mortier : & iete promtement
D'un logis demi-rond l'asseuré fondement.
 La gentile Aloüete auec son tire-lire
Tire lire aus fachés : & d'une tire tire
Vers le Pole brillant : puis d'un plumage las,
Changeant un peu de son se laisse choir en bas.
Le peint Chardoneret, le Pinçon, la Linote
Ja donent aus fraiz vens leur plus mignarde note.
 Mais tout cela n'est rien au pris de tant d'accors,
Que Philomele entone en un si petit cors,
Surmontant en douceur l'harmonie plus douce,
Qui naisse du gosier, de l'archet, ou du pouce.
 O Dieu! combien de fois sous les fueilleus rameaus
Et des chénes ombreus, & des ombreus ormeaus,
J'ai taché marier mes chansons immorteles
Aus plus mignars refrains de leurs chansons plus beles.
 Jl me semble qu'encor i'oy dans un verd buisson
D'un sçauant Rossignol la tremblante Chanson :
Qui tenant or la taille, ores la haute-contre,
Or le mignard dessus, ore la basse-contre,
Or toutes quatre ensemble, apele par le bois
Au combat des neuf Sœurs les mieus disantes vois.
 A trente pas de là, sous les fueilles d'un Charme

T iij

Vn autre Roſsignol redit le méme carme:
Puis, volant auec lui pour l'honeur étriuer,
Chante quelque motet pourpenſé tout l'hiuer.
 Le premier lui replique, & d'vn diuin ramage
Aioûte à ſon dous chant paſſage ſur paſſage,
Fredon deſſus fredon : & leurs goſiers plaintifs
Dépendent toute l'Aube en vers alternatifs.
 Mais ſouuent le vaincu porte ſi grand enuie
A l'honeur du vaincueur, qu'il pert & vois, & vie
Tout en méme moment : & le ioyeus vaincueur
Eſt des autres priſé come Métre du Kœur.
 Sur la pointe du iour d'vn Chant plein de delices,
Il enſeigne la game à cent gentils nouices:
Et puis les connoiſſant dignes d'vn plus haut ſon,
Il leur baille, ſçauant, quelque obſcure leçon,
Que verſet par verſet, ſtudieus, ils recitent,
Et la bouche Métreſſe exactement imitent.
 Le Colchide Phaiſan, le ſecond Etourneau,
La chaſte Tourtourele, & le laſcif Moineau,
Le Tourt beque-raiſin, la Pie babillarde,
La friande Perdris, la Palombe griſarde,
Le petit Benarric, més dignes de grans Rois,
Et le verd Papegay ſinge de nôtre vois,
Font la cour au Phœnix, ſon diuin chant admirent,
Et dans l'or & l'azur de ſes plumes ſe mirent.
 Le rauiſſant Ecouſle à qui la queuë ſert
De gouuernail fidele : & le Faucon expert
A batre la Perdris, peu ſoigneus de leurs proyes
Suiuent l'vnique Oiſeau par les celeſtes voyes,

            Auec

Auec le Tiercelet, le Lanier, le Vautour,
Le Sacre, & l'Eperuier, qui de maint souple tour
Caressent le Phœnix : & voguant pres des nuës,
Voient en peu de tans cent Marches inconnuës.

  A l'isnel Escadron de ces Volleurs volans,
Se ioint l'Indois Griffon aus yeus étincelans,
A la bouche aquiline, aus æles blanchissantes,
Au sein rouge, au dos noir, aus griffes rauissantes,
Dont il va guerroyant & par mons, & par vaus
Les Lions, les Sangliers, les Ours, & les Cheuaus :
Dont il fouïlle souuent la seconde poitrine
De nôtre Bisaïeule : & là dedans butine
Maint riche lingot d'or, pour aprés en plancher,
Son nid haut éleué sur vn ápre rocher :
Dont il deffend, hardi, contre plusieurs armées
Les mines par sa griffe vne fois entamées,
Se dépitant qu'à tort les conuoiteus humains
Ietent sur ses tresors leurs larronesses mains.

  O Griffon ! puisses-tu si vaillament combatre
Pour ce mortel venin, que nôtre ame idolatre :
Puissent aueque toi les Dardoises formis
Si bien veiller pour l'or en leur garde commis,
Qu'on perde desormés toute esperance d'étre
Métre de ce metal, qui métrise son métre :
Execrable poison, pour qui nous penétrons
L'Antre obscur de Pluton : pour qui nous éuantrons
Nôtre Mere-Nourrice : &, viuans dans les mines,
Des Clapiers mal-cindrés attendons les ruines :
Et non contans des biens, qu'ele produit dehors,

D'vn sacrilege fer dechirons tout son cors.
Pour qui nous recherchons oûtre la Tapobrane
A trauers mile mers vne autre Tramontane:
Et dépitant la rage, & des vens, & des eaus,
Découurons châque iour des Mondes tous nouueaus.
Pour qui las! si souuent le frere vent son frere,
Le pere vent son fis, & le fis vent son pere,
L'ami vent son ami, l'épouse vent l'épous,
L'épous reuent l'épouse. Hé! que ne vendrions nous
Pour fournir aus souhais d'vne auarice extreme,
Puis que pour vn peu d'or nous nous vendons nous-méme?
 Pres d'eus ie voi ramer le Corbeau affamé,
La Corneille aus lons ans, le Cocu diffamé
Pour supposer ses œufs dans la couche étrangere,
Et les fére couuer à leur mere non-mere:
Le Hibou citoien des ruineus Palais,
Et la Cheuéche encor, qui des troupeaus ælés
Est la haine commune, & la triste Hulote:
Et le sot Chat-huant. Mais qu'ele est céte flote
Qui cingle à côté gauche? Et quels sont ces oiseaus,
Qui pour gaigner le haut, quittent jongs & roseaus?
C'est le gourmand Heron, le Plongeon, la Sarcele,
La Cane au large bec, qui sifle de son æle,
Le Pleuuier, le Cansar, le Magot Ecossois,
Le Cigne, qui mourant rend plus douce sa vois,
Et celui, qui bâtit enuiron le Solstice
Ioignant les flôs marins vn si ferme edifice,
Que l'home, qui se dit Singe de l'Immortel,
Ne peut ni démolir, ni bâtir son hôtel.

Tandis

Tandis qu'il fet au nid sa tranquile demeure,
La Sicilide mer touiour calme demeure.
Car Æole, craignant de noier ses poussins,
Ne trouble, casanier, nul des goulfes voisins.
Le soldat desireus de naualles batailles
Marque en son Calendrier ses calmes accouchcailles.
Et le riche marchand commence de ramer
Soudain que l'Alcyon se niche dans la mer.
   Le Lange ce-pendant razant l'ondeuse plaine
Cherche de Bras en Bras quelque lourde Balene :
Afin que par son vol subtilement trompeur,
Entré dedans sa bouche, il lui ronge le cœur.
   Déja l'ardant Cucuye ez Espagnes nouueles
Porte deux Feus au front, & deux Feus sous les ales.
L'éguille du brodeur aus raiz de ces Flambeaus
Souuent d'vn lit royal chamarre les rideaus.
Aus raiz de ses brandons durant la nuit plus noire
L'ingenieus tournier polit en rond l'yuoire.
A ses raiz l'vsurier raconte son tresor,
A ses raiz l'écriuain conduit sa plume d'or.
   Tourne tourne le front vers les Isles Moluques,
Et soudain tu verras les merueilleus Mamuques
Merueilleus, si iamés l'onde, la terre, l'ær
Voit rien de merueilleus nager, courir, voler :
On ne connoit leur nid : on ne connoit leur pere :
Ils viuent sans manger : le Ciel est leur repaire :
Ils volent sans voler : & toutefois leur cours
N'a fin que par la fin de leurs inconnus iours.

V

La Cigoigne, œüilladant sa chere Thesalie,
Auec le Pelican, ioyeuse, se ralie:
Oiseaus dignes de los, desquels, ô Dieu, tu fis
L'vn fidele parent, l'autre fidele fis.
Tu fis, qu'auec le tans, celui-là recompence
Ceus, dont il a receu nourriture & naissance:
Ne couuant seulement sous son cors chaleureus
De ses parens vieillars les membres fruidureus:
Ne portant seulement sur ses plumes isneles
Par le vuide de l'ær son pere priué d'æles:
Ains derrobant encor à son ventre affamé
(Enfans notés ceci) l'aliment plus aimé,
Pour paitre dans le nid ses parens, à qui l'âge,
Debile, ne permet d'aler plus au fourrage.
Tu fis que cetui-ci blece son propre flanc
Pour sa posterité : qu'il prodigue son sang,
Pour lui redoner force : & qu'il lui prend enuie
De fére à ses enfans vn transport de sa vie.
Car si tôt qu'il les voit meurtris par le Serpent,
Il bréche sa poitrine, & sur eus il répand
Tant de vitale humeur, que, réchaufés par ele,
Ils tirent de sa mort vne vie nouuele.
Figure de ton Christ, qui s'est captif rendu
Pour affranchir les Serfs, qui sur l'Abre étandu,
Innocent, a versé le sang par ses blessures
Pour guerir du Serpent les Lethales morsures:
Et qui s'est volontiers d'immortel fét mortel,
Afin qu'Adam seut fét de mortel immortel.

Pere

Pere de l'Vniuers, c'est ainsi qu'eż poitrines
Des peres plus brutaus saintement tu burines
Ce vif souci, qui fét qu'ils ne redoutent pas
Moins la mort de leur fis, que leur propre trépas :
Afin que châque Espece immortele demeure,
Bien que l'Indiuidu l'vn apres l'autre meure.

C'est ainsi qu'vn Lion combat non pour l'honeur,
Ains pour ses chers faons, que le cruel veneur
Lui enleue du giste. Il choque, il blece, il tue
Le brigand escadron. Fremissant il se rue
Où la presse est plus grande : il méprise les dars,
Les glaiues, les leuiers : & bien qu'en mile pars
Il soit lardé de trés, il veut en tele guerre
Plutôt quitter le iour, qu'vn seul pouce de terre :
L'ire est son cataplasme, & ja déja mourant,
Pour son cruel trépas ne va tant soûpirant,
Que pour les fers conceus de sa race assiegée.

C'est ainsi qu'entre nous la mátine enragée
Combat pour ses petis, & d'horribles abois,
Herissée, remplit les orées des bois.
Ainsi le Chien marin soufre dans la marine
Cent fois pour ces petis les trauaus de Lucine :
Car les voiant suiuis par le pécheur ruzé,
Viuant, il les retire en son ventre creuzé :
D'où, passé le danger, ils sortent à la file,
Ainsi que des cachots d'vn tenebreus asyle :
Et à leur pere humain cent naissances déuant,
Reuoguent sur la mer aussi sains que deuant.

V ij

Ainsi la Poule fét rondache de son æle
Pour sauuer les poulets qui sont en sa tutele.
Et la Passe deffend de son bec courroussé
Ses moineaus assaillis dans le mur creuassè.
 Si ie ne suis trompé i'enten crier la Grue,
Qui ja déja voudroit écrire dans la nue
Le fourchu caractere : & montrer aus soldars
Par son beau réglement le beau métier de Mars.
Car lors que les troupeaus des Gruës abandonent
Le froideureus Strimon, & qu'en Automne ils donent
Treues aus Nains du Nort, pour s'en aler treuuer
Sous le Lybique Autan vn plus clement hiuer,
Vn Capitaine vole au front de châque Troupe,
Qui les Cieus aisément de sa pointe entrecoupe :
Vn couple de Sergeans de long tans aguerris,
Les tenant en bataille, auancent de leurs cris
Leur trop lente démarche : & puis quand dans leurs veines
Glisse plus dous que miel le Somne charme-peines,
L'vne se met en garde, & fét soigneusement
Et mainte & mainte ronde autour du camp dormant,
Tenant en l'vn des piés, que le someil ja presse
Vn caillou, qui tombant accuse sa paresse.
Autant en fét vn autre, vn autre apres la suit,
Départant iustement les heures de la nuit.
 Le Paon étoilé, magnifiquement braue,
Piafard, arrogant, d'vne démarche graue
Fét parade, en roüant, des clérs rés de ses yeus.
 A son flanc i'aperçoi le Coq audacieus,

Seur

Seur Réueille-matin, veritable Astrologue,
Horloge du païsant, frayeur du Lion rogue,
Fidele Annonce-iour, Roi du puple crété,
Qui se leue & se couche aueques la clarté,
Qui dore l'Uniuers. I'aperçoi dans la plaine
L'oiseau digere-fer, qui vainement se peine
De se guinder en haut, pour, gaillard, se méler
Parmi tant d'escadrons qui voltigent en l'ær.
  Mon Liure, heureus témoin de mes heureuses veilles,
Ne rougi de porter les moûches, les abeilles,
Les Papillons cornus, & cent mile autres vers
Peins sur ton blanc papier du crayon de mes Vers :
Puis qu'ils sont de la main de cét Ouurier, qui sage,
N'obscurcit son renom par vn obscur Ouurage :
Et qu'encor châque iour en eus il nous fét voir
Plus d'éffets merueilleus de son diuin pouuoir,
Qu'eZ membrus Elefans, qu'eZ enormes Balénes,
Et mile autres poissons, qui les flotantes plaines
Tempétent sans tempéte : &, pour nous abimer,
Vomissent, en ronflant, vne mer dans la mer.
  Que si le Siecle antique vn Calicrate admire
Pour auoir charpenté de ses mains vn nauire,
D'vn artifice tel, qu'vn petit moûcheron
Le couuroit haut & bas de son double æleron :
Combien que de ses mains l'industrieus Ouurage
Par lui n'eut peu iamés étre mis en vsage.
Admirons come il faut, admirons ce grand Dieu,
Dont le sacré pouuoir loge en si petit lieu

Vn si roide aiguillon, vne vois si bruiante,
Un cœur si genereus, vne ame si prudente!
　Hé! qui pourroit trouuer réglement sous le Ciel,
Plus beau que celui-là de nos Moûches à miel?
Non, non: le clér Phœbus qui tout autour du Monde
Fét d'vn cours Eternel châque iour vne Ronde,
Cà-bas ne voit Cité dont les lois ou les mœurs,
Aprochent tant soit peu de l'équité des leurs,
Non cele, qui fuiant la rage d'vn Atile,
Fit vn Monde nouueau des cachots d'vn Asyle.
　En leurs reglés Estâs ie pren si grand plaisir,
Que si i'osoi lâcher la bride à mon desir,
Aise, ie quitteroi le droit fil de ma lice,
Pour m'ebatre à vanter leur diuine police.
　Mais si pas vn de ceus, dont les hardis pinceaus
Imitent du grand Dieu les Ouurages plus beaus,
N'ose acheuer la Carte, où le docte artifice
D'vn Apelle ébaucha la Princesse d'Eryce:
Oseroi-ie à ce coup sur Hymete monter?
Des Abeilles l'honeur oseroi-ie chanter?
Que des Chantres Latins le touiour-chanté Prince
A ja deux fois chanté sur les riues du Mince?
　Je ne tairai pourtant ce second vermisseau,
Qui d'Oiseau se fét Teigne, & puis de Teigne Oiseau:
Qui nait ici deux fois: qui voit deux fois la riue
Du mortel Acheron : laissant viue & non viue
Sa posthume semence : & qui le tendre crin
Du blanchâtre meurier transforme en ce beau lin,

　　　　　　　　　　　　　　　　　Ce

Ce reluisant estain, céte laine subtile,
Que pour nous non pour soi, curieuse, ele file.
Precieuse toison, qui n'ornoit d'autrefois,
Que les membres sacrés des venerables Rois:
Mais le prodigue orgueil des homes de nôtre áge,
Profane telement son magnifique usage,
Que le moindre Clergaut, le moindre Factoureau,
En fét si peu de cas que d'vn grossier bureau,
Si son fil n'ét couuert d'vn de ces metaus rares,
Qui d'vn feu non-mourant brûlent les cœurs auares.
 Aigle, ne cuide pas qu'vn superbe mépris
M'ait gardé de coucher ton nom dans mes Ecris.
Ie sçai bien que tu tiens tel rang parmi la Troupe,
Qui de l'ær orageus les plaines entrecroupe.
Que fét le Basilic, ou le Dragon fumeus
Entre les escadrons des Serpens venimeus:
Que le Lion parmi les bétes foréstieres,
Et le camus Dauphin parmi les marinieres.
Je sçai quel est ton vol: ie sçai bien que tes yeus,
Fermes, peuuent souffrir le plus beau Feu des Cieus.
Mais come le Phœnix luit sur mon Frontispice,
Tu doreras la fin de mon riche Edifice.
 Sur le bord Thracien de ces barbares flôs,
Qui furent heritiers, & du nom, & des os
De la Sœur Phrixeane : & non loin de la Place,
Où, de l'aueugle Eron la domageable audace
Alluma, pour guider son nu Leandre à bord,
Au lieu du feu d'Amour la torche de la mort,

Se tenoit une Vierge auſſi riche, auſſi bele,
Auſſi noble qu'Eron : mais bien plus chaſte qu'ele :
Car ſon cœur aceré tous les trés reboûchoit,
Que l'Archer Paphien contre lui découchoit.
    Un iour qu'ele ſuiuoit par les foréts épeſſes,
Et par les mons pierreus les Troupes chaſſereſſes.
Sur le venteus ſomet d'un buiſſoneus rocher,
Dont ſans un pâle effroi l'on ne peut aprocher,
Elle rencontre un nid de deux Aigles iumeles,
Qui, tendres, épreuuoient de leurs yeus les pruneles
Contre l'Aſtre du iour : qui de maint tuyau mol
Heriſſoient leur échine, & leur bras, & leur col :
Et d'un goſier ouuert attendoient la curée
De quelque gras pigeon pris à la picorée.
    De ces deux oiſelets le plus bel elle prend :
Le met dedans le ſein : du mont ápre deſcend :
Puis tremblant de fraieur fuit d'une iambe ælée :
Tout ainſi que le Loup, qui a raui d'emblée
L'honeur d'un gras troupeau, à chef baiſſé s'enfuit,
Et regarde en fuiant ſi le Dogue le ſuit.
L'Aigle eſt auec le tans ſi dextrement inſtruite,
Qu'au premier ſon puceau bien ſouuent elle quite
La proye préque priſe : & ſoudain ſe ietant
Sur le poin bien-aimé, va ſa Dame flatant.
La Vierge d'autre part d'une main fretillarde,
Et d'un flateur accent l'oiſeau mignard mignarde :
Et, folâtre, le tient beaucoup plus precieus
Que ſa perruque d'or, que ſon teint, que ſes yeus :

Mais

Mais come la rigueur du Destin, qui nous presse,
Ait cloüé cent ennuis aupres d'vne liesse,
La Fieure, pour causer d'vn seul torment deux mors,
De céte bele Vierge assasine le cors:
Lui rauit l'embonpoint : &, pallissante, efface
Les Roses, & les Lis, qui décoroient sa face.
 Adonq vn méme accés, vn méme tremblement,
Vne méme langueur trauaille également,
Et la Vierge, & l'oiseau : si qu'à les voir il semble
Que la Parque ait filé leurs deux vies ensemble.
 L'oiseau forçant son mal abandone souuent
La frissonante couche : &, souple, poursuiuant
Le plus friand gibier, à sa Dame mi-morte
Des Cailles, des Perdris, & des Griues aporte:
Payant en alimens les alimens qu'il prit
De la pucele main, ains que, brusque, il aprit
De noüer par le Ciel, de piller les campaignes,
Et dépeupler d'oiseaus les plus hautes montaignes.
 La Fieure ayant succé de ses veines le sang,
De ses os la moüele, & l'esprit de son flanc,
Inuestit de son cors la Parque, qui cruele
Déja l'Aigle amoreus à trois briefs iours apele.
 Ja le Lieure poureus fét cent tours & retours
Sans peur aupres de Seste : & déja de ses Tours
Le vite Tiercelet, & le Faucon aproche,
Sans de l'Aigle connu redouter l'ongle croche.
Car il couue touiour de sa Dame le lit:
Il deuient casanier : & viuant il ne vit:
Las! coment viuroit-il, voiant si tôt rauie

X

Par la blême Atropos la vie de sa vie?
  Or sur le cors cheri des ales il ba-bat:
Or il baise sa face : or il se couche à plat
Contre son col d'yuoire : & d'vn triste ramage
Encor plus des parens atriste le courage.
  Trois fois le blond Soleil par ses cours iournaliers,
Du Thebain chasse-monstre a passé les piliers,
Depuis que la pucele a veu la pâle riue,
Ou come au dernier port l'home mortel arriue,
Sans que iamés l'Oiseau dans ses larmes noyé
Ait vn seul aliment à son ventre enuoyé,
Ou fermé l'œil pleureus : tant il a grand enuie
D'éteindre vitement sa tristesse, & sa vie.
  Mais quoi ? s'aperceuant que l'vn & l'autre effort
Et trop lent pour causer vne assés pronte mort:
Forcené tout ensemble, & de tristesse, & d'ire,
D'vn bec dénaturé sa poitrine il déchire:
Il ose ses poumons coup dessus coup serir,
Faché que tant de mors ne le facent mourir.
  Mais voici ce-pendant deuant l'ardente porte
Du desastré manoir, vne Troupe qui porte
Le drap noir sur le dos, le cierge dans la main,
La larme sur la face, & le dueil dans le sein:
Qui chargeant à la fin la dépoüille sacrée
De l'esprit ja bourgeois de la Prouince astrée:
Et fendant l'aer de cris, deuote, la conduit
Au funebre bûcher. L'aigle de loin la suit,
Et tirassant par l'aer ses sanglantes entrailles
Honore d'vn conuoi deux tristes funerailles.

Le

DE SALLVSTE.

Le funebre Vulcan n'a si tôt entamé
A flôs s'entresuiuans le cors de L'aigle aimé,
Qu'ele iete le sien, qui tout en sang distile,
Plus vitement qu'vn trét sur la brûlante Pile:
Et bien qu'il soit cent-fois & cent-fois repoussé
Par le sacré bâton du Prétre courroucé:
Il cherche toutefois la plus épesse flame:
Et chantant doucement vn Obseque à sa Dame,
Il se brûle soi-méme: & méle heureusement
Ses os auec les os aimés si cherement.
  O couple bien-heureus! sur vôtre obscure Tombe
Touiour touiour le miel, touiour la manne tombe,
Touiour touiour vos os soient de myrte couuers:
Et touiour puissiés vous viure dedans mes vers.

FIN.

SIXIEME IOVR
DE LA SEPMAINE DE G.
DE SALLVSTE, SEIGNEVR
du Bartas.

Elerins, qui passés par la Cité du Mōde,
Pour gaigner la Cité, qui, bien-heureuse, abonde
En plaisirs eternels: pour aborder au Port
D'où n'aprochent iamés les horreurs de la Mort:
Si vous desirés voir les beaus Amphitheatres,
Les Arsenacs, les Arcs, les Temples, les Theatres,
Les Colosses, les Ports, les Cirques, les Rempars,
Qu'on voit superbement dans nôtre Vile épars:
Venés aueque moi. Car ce grand Edifice
N'a membre, où tant soit peu, luise quelque artifice,
Que ie ne le découure. Hé quoi, vous étes las?
Mes plus chérs compagnons, quoi, vous ne voulés pas,
Apres auoir couru sur le dos de Neptune,
Serfs d'Æole, & du Flot, si longuement fortune,
Doner vn coup de rame, afin d'ancrer au Port
Dont, ioyeus, ja déja ie découure le bord?
 O Pere tout-puissant, soi Guide de leur guide:
Verse le miel plus dous de l'humeur Castalide

Sur

Sur ma langue indiserte : & par mes chans veincueurs
Des Tigres furieus apriuoise les cœurs,
Domte les fiers Lions : fai, qu'acoisant leur rage,
Tout genre d'animaus me viene fére homage.

 Parmi tant d'animaus que ce iourdhui tes dois
Firent hôtes des chams, des rochers, & des bois.
Je voi que l'Elefant, second Chef de leur bande,
Déja du camp brutal l'auantgarde commande :
Digne de tele charge, ou soit qu'on ait égard
A son dos tourrelé, qui porte maint soudard :
Ou soit qu'on mete en jeu céte prudente adresse,
Dont il semble obscurcir des humains la sagesse.

 Ecolier studieus, il rumine à part-soi
La leçon qu'on lui baille : il reuere son Roi :
Il saluë la Lune : il couue en sa poitrine
La dous-cuisante ardeur de la torche Cyprine :
Et sentant d'un bel œil la douce cruauté,
Soûpire sous le ioug d'vne humaine Beauté.
Voire, si des Gregeois l'histoire ne nous trompe,
Il écrit quelquefois assés bien de sa trompe.

 Mais cét Esprit subtil, ni cét enorme cors
Ne le peut garantir des cauteleus effors
Du fin Rhinoceros, qui n'entre onq' en bataille,
Conduit d'aueugle rage : ains plutôt qu'il assaille
L'aduersaire Elefant, affilé contre vn roc
De son armé museau le dangereus estoc.
Puis, venant au combat, ne tire à l'auanture
La roideur de ses cous sur sa cuirasse dure :
Ains choisit, prouident, sous le ventre vne peau,

X iij

Qui seule creint le fil de l'éguisé coûteau.
 Mais l'écaillé Dragon ne pouuant sans échele
Ataquer l'Elefant, se met en sentinele
Sur vn arbre touffu, & préque tous les iours
Il guete sur ce pas l'Animal porte-tours:
Qui n'aproche si tôt, que d'embûche il ne sorte:
De son cors renoüé sanglant de tele sorte
Le cors de l'Elefant, que l'Elefant ne peut,
Branlant, se dépétrer des plis d'vn si fort neud:
Ains come en desespoir d'vn pas vite il s'aproche
Ou d'vn tige noüeus, ou d'vne ferme roche,
Pour contr'eus écacher cil dont l'embrassement,
Déia préque le traine au dernier souflement.
 A ce coup le Dragon promtement se dénoüe
Du cors de l'Elefant, glisse en bas, & renoüe
De tant de lacs étroits ses iambes de deuant,
Qu'il ne peut, entraué, se porter plus auant.
 Tandis que l'Elefant tâche en vain à deffaire
De son musle les nœus, l'impiteus aduersaire
Met le nés dans son nés : & fourrant plus auant
Son effroiable chef, lui clot les huis du vent.
 Mais quoi ? bien tôt il perd le fruit de sa victoire:
D'autant que tout soudain la Béte aus dens d'Iuoire
Tombe morte : & tombant, ront de son pois le cors,
Qui la mange dedans, & la presse dehors.
 Semblables aus François dont les dextres mutines
Sanglantent leurs coûteaus dans leurs propres poitrines,
Tandis que sans pitié d'vn fol Zele incités,
Du sang conçitoyen ils soüillent leurs Cités:

Et

Et qu'ore à Moncontour, ore aus chams des Druïdes
Ils rougissent, cruels, leurs gléues parricides.
Fésant de leur Patrie un funeste tombeau,
Où git auec ses os du Monde le plus beau.
 Le Hirable cornu, le Chameau trouble-riue
Voisinent l'Elefant. Et non loin d'eus arriue
Le Beuf laboure-champ, l'Ane laborieus,
Le Cheual corne-pied, soudain, ambitieus,
Aime-métre, aime-Mars : & dont la brusque adresse
Sert volontairement à la dextre métresse.
Tel sans métre & sans mors fét de soi-méme à-mont,
Se manie à pié-coi, à passades, en rond:
Tel suit, non attaché, l'Ecuyer qui le donte:
Tel plie le genou quand son Métre le monte:
Tel court sur les Espics sans plier leurs tuyaus:
Tel sans moüiller les piés voltige sur les eaus.
 En un autre escadron ie voi le poureus Lieure,
Le Lapin oblicus, la brotonante Cheure,
La laineuse Brebis, le paresseus Pourceau,
Et le Cerf pié-leger, qui cháque renouueau
Perd sa Téte rameuse : & versant meintes larmes
Reclus, gemit long tans la perte de ses armes.
 Hé! Dieu quel plaisir c'est de voir tout un troupeau
De Cerfs aus piés venteus s'ébatre dessus l'eau:
L'un fend premier les flôs : l'autre sur son échine
Apuie, demi-droit, son col, & sa poitrine:
Et les autres encor se vont entre-suiuant:
Quand le premier est las le dernier va deuant.
Come en un libre Etat un home seul ne guide

Touiour par cent trauaus de ſa vile la bride:
Vn méme magiſtrat touiour touiour n'a pas
Des afféres communs le ſoin deſſus les bras:
Ains aiant gouuerné quelque tans,il décharge
Sur l'épaule d'autrui ſa douce-amere charge.

 Mais nul des animaus ne ſert tant aus mortels
Que le Chien garde-forts,garde-parcs,garde-hôtels,
Diligent prouoyeur,qui d'vn nés veritable
Fornit de més frians des grans Princes la table,
Ami iuqu'à la mort,frayeur du Loup ruſé,
Peur du craintif-larron,veneur bien-auiſé.

 Là ie voi l'Ecurieu,qui féſant ja du ſage,
Sans contempler le Ciel,le tans futur preſage:
Et met deuant ſon huis vn aſſeuré rempart,
Sachant bien que le vent doit ſouffler cele part.

 Je voi l'acor Guenon,la mignarde Belete,
Le frauduleus Renard,l'odorante Ciuete,
Que le mol Courtiſan fét éherement chaſſer
Par cent mors,& cent mers par delà Tarnaſſer.

 J'aperçoi le Caſtor qui,bien-auiſé,coupe
Ses genitoires faus,& les iete à la troupe,
Qui ſans peine l'ataint ſur le Pontique bord:
Et qui ſouhaite plus ce gage que ſa mort.

 J'aperçoi l'Heriſſon,qui pour porter domage
A celui qui le ſuit pour le metre en ſeruage:
Ses deux piés pareſſeus ioignant à ſon menton
Sur ſes cardes ſe roule,ainſi qu'vn peloton.

 Mais l'œil du Ciel ne voit choſe plus admirable
Que le Cameleon,qui reçoit, variable,

Les

Les diuerses couleurs des cors qu'il a deuant,
Et dont le sobre sein ne se paist que de vent.

  Mon sang se fige tout : mon estomac a peine,
Pressé de frois glaçons, pousse hors son haleine:
Mes os tremblent de peur, mon triste cœur fremit:
Mon poil en haut se dresse, & ma face blémit.
Et ja deuant mes yeus, come il me semble, nage
D'vne cruele mort l'épouuantable image.

  Hé! qui seroit celui, qui sans étre étonné,
Pourroit, comme ie suis, se voir enuironné
Des plus fiers animaus, qui pour regner sur terre,
Ont iuré contre nous vne immortele guerre?
Hercul s'effrayeroit, Phœbus perdroit le cœur:
Combien que le dernier se chante le vaincueur
Du redouté Python : & que l'autre se vante
Du Lion Nemean, & du Porc d'Erymante.

  Quele roideur de bras, ou quel moyen subtil
Les pourroit garentir du grand Brigant du Nil,
Qui nageant, & courant, impiteus, fét la guerre
Aus poissons dans les flôs, aus homes sur la terre?
Ou de ce fier Dragon, qui tout seul ataqua
L'armée Romulide : & contre qui braqua
Regule tant d'engins, qu'il en eut démolie
La Cité qui tenoit le sceptre de Lybie?

  Quel ferme corselet, quel conseil pourpencé
Les pourroit garentir de l'Aspic offencé,
Qui, fidele mari, par plaine, & par montaigne
Pourchasse le meurtrier de sa chere compaigne:
Et le sachant élire entre cent mile humains,

                  Y

Souuent en plain marché se vange de ses mains?
 Qu'ele targe d'Aiax pourroit leurs cors deffendre
Du pesteus Basilic, dont l'haleine peut fendre
Le marbre plus solide : & qui dans le cercueil
Peut pousser les humains d'un seul trét de son œil.
 O Dieu! s'il est ainsi que céte ronde Masse
Fut bâtie en faueur de l'Adamite race:
Las! pourquoi ce iourd'hui fis tu ces Animaus,
Qui ne seruent de rien que pour combler de maus
Nôtre épineuse vie? ô parâtre, & non pere!
Si tu prenois plaisir à former la Vipere,
Le Cenchre sommeillant, le Chelydre fumeus,
Le Ceraste cornu, le Preste venimeus,
L'émaillé Scorpion, & la Dipse alterante,
Pourquoi les armois tu d'une ire si nuisante?
 Mais non : ce n'est pas toi, ce n'est pas toi, Seigneur,
Qui troublas de nos ans le comencé bon-heur,
C'est nôtre orgueil, qui fit en l'enfance du Monde
De deux cruels venins l'Amphisbene feconde.
 Car ains que nôtre ayeul de toi se reuoltat,
Et que du fruit sacré, curieus, il goûtat,
Il viuoit Roi d'Eden, sans auoir au front peinte,
Come il a maintenant, la blémissante creinte.
 Les plus fiers Animaus volontiers fléchissoient
Leur col dessous son ioug : & prons obeissoient
A sa vois, tout ainsi que le Cheual adextre
Obeit à la bouche, à la gaule, à la dextre
De l'Ecuier accort : &, farouche, ne suit
Son veuil propre, ains le veuil de cil qui le conduit.

Méme

Méme come oublieus d'une si lourde offence,
Tu lui laissas encor suffisante prudence
Pour fouler, quand il faut, de ses veincueurs talons
Le chef des Animaus qu'on cuide plus felons.
 De tant de cors viuans, qui par les ærs se iouent,
Qui marchent par les chams, qui dans les ondes nouent,
Tu munis l'un de dens, l'autre d'vn bec crochu,
L'autre d'vn noir venin, l'autre d'vn pié forchu,
L'autre d'épés serancs, l'autre d'une âpre écaille,
L'autre d'vne cuirasse, & l'autre d'vne maille.
 Mais tu fis l'home nu : lui donant seulement,
Au lieu de tant d'harnois, vn subtil iugement,
Qui se rouille, engourdi, s'y pour metre en épreuue
Sa constante valeur, quelquefois il ne treuue
Suiet pour s'exercer : & si de toutes pars
Il n'est come assiegé d'aduersaires soudars.
 Et que sert à Milon céte épaule si large,
Et ce bras si nerueus, si iamés il ne charge
Qu'vne charge comune ? ornera-til iamés
Du rameau Delphien ses tamples renomés,
Si quelque autre Milon sur l'honorable piste
A ses vantés effors, courageus, ne resiste.
 Au milieu des perils la prudence reluit,
Et la vraie vertu les courones poursuit.
A trauers mile mors : sachant que la victoire,
Qui n'aporte danger, n'aporte point de gloire.
 O Pere de ce Tout ! seulement tu n'as pas
Proueu l'home de sens, pour gauchir au trépas
Dont il est menacé par tant & tant de pestes :

Y ij

Ains pour l'amour de lui tu as rendu funestes
Les Serpens aus Serpens: & leur as suscité
Maint cruel ennemi, qu'ils n'ont point irrité.
   Tu fais, ô Tout-puissant, que l'ingrate Vipere
Naissant, rompe les flancs de sa mourante mere.
Et que le Scorpion du sang de ses petis
Soule gloutonnement ces cruels apetis:
Et qu'vn d'eus, échapant la fureur paternele,
Se venge par sa mort de la mort fraternele.
Tu fais que la Beléte ait vn secret pouuoir
De meurtrir le Serpent si dangereus à voir:
Qui se voiant surpris, plein d'ire, s'éuertue,
Tuant de son venin le venin qui le tue.
Tu fais que l'Igneumon en Egypte adoré,
Affranchit de poisons le marge labouré
Du fleuue Memphien: & qu'au besoin il vse,
Pour se rendre vaincueur, moins d'effort que de ruse.
   Celui qui fét armer son ennemi mortel
Par le sanglant défsi d'vn superbe cartel,
Premedite ses coûs, façone sa posture,
Et couure tout son cors d'vne si iuste armure,
Que l'Apelé ne peut durant l'ardeur du choc,
Trouuer lieu découuert pour ficher son estoc.
Lui de méme plutôt que comencer la guerre
Contre le loûche Aspic, d'vne gluante terre
Couure son tendre cuir: & fét que puis apres
Le blond Titan la seche auec ses tiedes reZ.
Armé de ce plastron, de l'Aspic il s'aproche:
Et, fin, dans son gosier enfonce sa dent croche,

Ce

Ce-pendant que l'Aspic emploie son effort
A fausser l'épesseur d'vn corselet si fort.
 Ce prudent animal se sentant trop debile,
Pour tout seul ataquer l'écaillé Crocodile,
Auec le Roitelet complote son trépas:
Roitelet, qui voiant que ce gueteur de pas
Presse, pour s'endormir, la limoneuse riue,
Lors que moins il y pense, à son flanc il arriue,
Entre dedans sa bouche : & se voiant dedans,
Netoye son palés, cure ses cléres dens,
Chatoüille son gosier, si que la Béte loüche
Charmée du plaisir ouure encor plus sa bouche.
L'Igneumon tout soudain se lance com' vn trait
Dans le gosier Brigand : & veincueur, se repaist
De ce cors, si goulu, que la riche abondance
Du grand Nil ne pouuoit fournir à sa dépence.
 Mais ie dirai bien plus, que l'humaine Raison
Change la mort en vie, en santé la poison:
Si que contrepesant d'vne iuste balance
Et les biens & les maus, que l'humaine semance
Reçoit diuersement de ses fiers Animaus,
Nous verrons que les biens pésent plus que les maus.
 Dépetré des Serpens, ie pensoi du tout étre
Dépetré de danger. Mais las ! voici paroitre
Cent autres animaus, de qui l'affreus regard,
La sauuage démarche, & le cri tout hagard
Priue de sens mes sens : si que sorti d'vn gouffre
En vn gouffre plus grand, mal sage, ie m'engouffre.
 Ja déia l'Ours ieusneur, le Loup dégate-parcs,

Et le Sanglier baueus bruyent de toutes pars.
Ja l'Once, au front de chat, ébranlant mon audace,
D'un gousier groumelant du trépas me menace.
Le madré Leopard, le Tigre au pié leger,
Ecumans de fureur, me vienent assieger.
La Licorne les fuit : & les suiuent encore
L'Hyene sepulchral, le vite Mantichore,
Et le Ceph Nubien : dont l'vn a nôtre vois,
L'autre nôtre visage, & le dernier nos dois.
 Des Caribes cruels la prouince sanglante
Produit un animal, qui mile fois enfante
Vn méme enfantement, & dans son propre cors
Entombe autant de fois ses chérs faons non mors.
 Las ! quel monstre est-ce-ci, qui sur son dos fét bruire
Vne forét de dars ? & qui sans corde tire
Tant de trés en un coup ? de qui les rudes flancs
Sont couuers d'éguillons, armés d'âpres serancs,
Herissés de poinçons, qui touiour reietonent,
Et qui, s'il est besoin, à toute heure redonent
Vne fréche bataille ? ô bien-heureus Archer
Qui n'és onques sans trés, qui fuiant sçais toucher
L'énemi qui te suit. Et qui iamés ne ietes
Sans en fére un bon coup tes parentes sagetes.
Car tu n'es point contraint d'emprunter châque fois
A Diane ses trés, à Phœbus son carquois :
Ou pour fére en nos cors vne playe plus grande,
Ton Bresil au Peru, ta corde en Alebande.
Tu as tout de ton cru : car ton cuir touiour prét
Te sert d'arc, de carquois, & de corde, & de trét.

Mais

Mais courage : voici le Lion, qui comande
Sur les plus orgueilleus de sa sauuage bande:
Genereus Animal, qui n'est si fier aus fiers,
Que courtois aus courtois : qui prête volontiers
L'oreille pitoiable à cil qui le suplie:
Et qui d'un cœur ingrat les biens receus n'oblie.

J'en apele à témoin cét esclaue Romain,
Qui pour sortir des ceps de son Métre inhumain,
Qui iamés ne leuoit le ioug de son epaule,
Ni le fer de ses piés, ni de son dos la gaule,
S'enfuit par les deserts : & du chemin lassé
Se retire à la fin dans un antre moussé.

A peine il començoit, pressé du Somne, étendre
Ses membres harassés sur l'herbelete tendre
Du sauuage logis, qu'il voit entrer dedans
Vn farouche Lion fesant craquer ses dens.

Le Brigant, qui se voit conduit par la Iustice
A l'appareil honteus du merité suplice:
Qui sent bander ses yeus, qui sent lier ses bras,
Qui n'atend que le coup du vengeur coûtelas,
Meurt auant que mourir : tant & tant il s'asseure
Qu'il faut que sur le lieu sans plus tarder il meure,
Tout de méme le Serf voiant qu'il ne peut pas
Euiter en fuiant l'aprehendé trépas,
Moins combatre en camp clos : n'aiant pour toutes armes
Que les sanglots, les vœus, les soûpirs, & les larmes,
Embrassant ja la mort, demeure longuement,
Sans chaleur, sans couleur, sans pous, sans mouuement.

Mais l'Esclaue à la fin reprend un peu courage

Remarquant beaucoup plus de pitié que de rage
En son hôte nouueau, qui d'vn regard humain,
Semble come implorer le secours de sa main?
Lui montrant maintefois vne épine fichée
Dans la brûlante chair de sa pate écorchée.
　Adonq, bien que creintif, l'Esclaue s'aprochant,
D'vne legere main va l'épine arrachant:
Et pressant de ses dois la partie entamée,
Fét à terre couler l'apoûtume enflamée.
　De ce pas le Lion, picoureur, va courir
Et par mons, & par vaus, pour son hôte nourrir,
Son Medecin nouueau, qui bien-tôt abandone
Et les viures brûtaus, & la grote felone:
Et derechef encor chemine, vagabond,
Où le sort le conduit, sur le sable infecond:
Iuqu'à tant que, repris, son seigneur le raméne
Pour seruir de spectacle à la grandeur Romaine:
Et suiuant la rigueur d'vne barbare loi,
Déchiré des Lions, sanglanter vn Tournoi.
　Canibale felon, Cyclope inexorable,
Puis que tu veus combler de maus ce miserable,
Et pourquoi l'ôtes tu, ô Busire inhumain?
Et pourquoi Lestrigon l'ôtes tu de ta main,
Pour le liurer aus Ours, aus Onces, aus Liones,
Qui mile & mile fois sont moins que toi felones.
　Les Lions Nemeans, les Tygres Iberois,
Les Pantheres d'Afrique, & les Ours Pannonois
Ne sont point si cruels que celui qui dépoüille
La sainte humanité: qui, barbare, se soüille

Du

DE SALLVSTE. 177

Du sang de ses sujés, & de qui les ébats
Ne gisent qu'en impôs, massacres, & combats.
 Parmi tant d'Animaus, qui groumelans de rage,
Couurent le Parc felon de sang, & de carnage,
Vn Lion ja déja cent fois victorieus
Sur tout autre detient du fol peuple les yeus.
Bourreau des criminels, qui d'vne foible escrime
En-vain tâchent fuir la pene de leur crime.
 C'est contre ce Lion que le Serf fugitif,
Forcé, marche à la fin d'vn pas lent, & creintif.
Mais il n'entre si tôt dans la sanglante lice,
Que le Lion s'émeut : tout son crin se herisse :
Son cors se racourcit : son œil affreus reluit :
Et de sa bouche sort vn effroiable bruit :
Puis foüetant maintefois d'vne queuë nerueuse
Ore ses larges flancs, or la terre podreuse,
Il réueille son ire : & va, roide, tout droit
Contre son ennemi, qui déja préque boit
L'onde du glacé Lethe : & les grans Dieus reclame,
Non pour sauuer sa vie, ains pour sauuer son ame.
 La Beste, apres auoir fét vint, ou trente pas,
S'arrête tout d'vn coup : & mirant haut & bas
Les trés du palle Esclaue : enfin d'aise rauie,
Se souuient de tenir de sa dextre sa vie.
Voila pourquoi changeant sa haine en amitié,
En bonté son orgueil, sa colere en pitié,
Elle tient fixement ses yeus sur son visage :
Elle leche ses mains : elle lui fét homage.
 L'esclaue qui connoit, & qui se voit connu,

Z

Leue deuers le Ciel son front déja chénu:
Et sans plus redouter la déchirante pate,
S'aproche du Lion, le caresse, le flate:
Et connoit qu'un plaisir fét en aduersité
Reçoit ou tôt, ou tard le loyer merité.
   Il n'y a (come dit l'un des Bessons de Dele)
Sous la voûte du Ciel connoissance plus bele,
Que cele de soi-méme. on ne treuue argument
Plus fecond en discours, que l'humain bâtiment.
En nous se voit le feu, l'ær, & la terre, & l'onde.
Et bref l'home n'est rien qu'un abregé du Monde,
Vn tableau racourci, que sur l'autre Vniuers
Ie veus ore tirer du pinceau de mes Vers.
   L'ingenieus Maçon d'un artifice rare
Ne change en un Palais les beaus rochers de Pare,
Ne le lambrisse d'or, n'éleue iuqu'aus Cieus
De ses épesses tours le front audacieus:
Bref ne ioint de tous poins en un si docte ouurage
L'usage à l'ornement, l'ornement à l'usage:
Afin que les Hibous, les Huans, les Corbeaus
Occupent tant de Murs non moins fermes que beaus:
Ains pour quelque grand Roi, dont la sagesse puisse
D'un si riche Palais admirer l'artifice.
De méme l'Eternel ne bâtit l'Vniuers
Pour les hôtes des bois, des ondes, & des ærs
Ains pour celui qui peut, ores jetant sa veuë
Sur les regnes salés, ore sur l'étenduë
De la terre blediere, ore deuers les yeus,
Qui d'un ordre sans ordre éclerent dans les Cieus,

                              Admirer,

DE SALLVSTE.

Admirer, come il faut, l'admirable artifice
De celui qui parfit un si bel edifice.
  Or de tant d'animaus, que sa vois anima,
L'home fut le dernier, qui l'ær viuant huma,
Non come étant plus vil : moins qu'un Ouurier si sage
Eut peur de comencer par un si noble ouurage,
Ains d'autant qu'on feroit en vain un nouueau Roi,
S'il n'a point de sujés préts à suiure sa loi.
  Le sage ne conduit la persone inuitée
Dans le lieu du festin, que la sale aprétée
Ne brille de flambeaus : & que les plats chargés
Sur le linge Flamand ne soient préque rangés :
Ainsi nôtre grand Dieu, ce grand Dieu, qui sans cesse
Tient ici Court ouuerte, & de qui la largesse
Par cent mile tuyaus fét couler entre nous
L'inépuisable mer de son Nectar plus dous,
Ne voulut conuier nôtre Ayeul à sa table,
Sans tapisser plutôt sa Maison delectable,
Et ranger, liberal, sous ses pœles astrés
La friande douceur de mile més sucrés.
  Tant d'admirables cors, dont le Ciel se decore,
Dont l'eau s'enorgueillit, dont la terre s'honore,
Ne sont que coús-dessais au pris de ces tresors,
Qui dorent des humains & l'esprit, & le cors.
  C'est pourquoi l'Architecte, & sans pair, & sans Métre,
Quand dans le rien d'un rien sa puissance fit naitre
L'ær, la terre, le Ciel, & le flotant Neptun,
Fit de penser, de dire, & de fére tout un.
Mais voulant façoner sa naïfue figure,

Z ij

Le Roi de l'Vniuers, & l'honeur de Nature:
Come s'il desiroit vn Concile tenir,
Il huche sa Bonté, fét sa Force venir,
Assigne son Amour, apele sa Largesse,
Conuoque sa Iustice, aiourne sa Sagesse:
Afin de consulter auec eles coment
Il doit d'vn Second Dieu former le bâtiment:
Et que Châcune à part d'vne main non-auare
Contribue au dessain d'vne chose si rare.

 Ou plutôt il consulte auec son vrai Portrét,
Son vrai Fis naturel, quele grace, quel trét,
Quele ame, il doit doner à celui qu'il desire,
Créer pour Lieutenant en ce terrestre Empire.

 Dieu forma tout d'vn coup & le cors, & l'esprit
Des autres animaus: mais quand il entreprit
Ioindre en nous la mortele, & l'immortele essence,
Sachant bien que s'étoit vn fét de consequence,
Il s'aida d'vn delay: & par momens diuers,
Forma l'ame, & le cors du Chef de l'Vniuers.

 Architecte diuin, Ouurier plus qu'admirable,
Qui, parfét, ne vois rien à toi que toi semblable,
Sur ce rude tableau guidant ma lourde main,
Fai moi l'home tirer d'vn pinceau non-humain,
Afin que par mes Vers en sa face on remarque
De ta Diuinité quelque euidente marque.

 O Pere! tout ainsi qu'il te pleut de former
De la marine humeur les hôtes de la mer:
De méme tu formas d'vne celeste masse
Des fragiles humains la limoneuse race:

Afin

*Afin que châque cors forgé nouuelement,
Eut quelque sympathie auec son Element.*

*C'ét pourquoi desireus de produire en lumiere
Le terrestre Empereur, tu prins de la poussiere,
La collas, la pressas, l'embelis de ta main :
Et d'un informe cors formas le cors humain :
Ne courbant toutefois sa face vers le centre,
Come à tant d'animaus, qui n'ont soin que du ventre :
Mourans d'ame & de cors : ains releuant ses yeus
Vers les dorés Flambeaus, qui brillent dans les Cieus :
Afin qu'à tous momens sa plus diuine essance,
Par leurs nerfs contemplat le lieu de sa naissance.*

*Mais tu logeas encor l'humain Entendement,
Et l'étage plus haut de ce beau bâtiment :
Afin que tout ainsi que d'une Citadele
Il domtât la fureur du cors, qui se rebéle
Trop souuent contre lui : & que nostre Raison,
Tenant dans un tel Fort iour & nuit garnison,
Foulât dessous ses piés l'Enuie, la Cholere,
L'Auarice, l'Orgueil, & tout ce Populaire,
Qui veut, seditieus, touiour doner la Loi,
A cil que ta bonté leur a doné pour Roi.*

*Les yeus, guides du cors, sont mis en sentinele,
Au plus notable endroit de céte Citadele,
Pour découurir de loin : & garder qu'aucun mal
N'assaille au dépourueu le diuin Animal.*

*C'est en les façonant que ta main tant vantée,
Se semble étre à peu-pres soi-méme surmontée :
Ne les perçant à iour, pour ne rendre nos yeus*

Z iij

Tels, que cil qui voiant par vn tuyau les Cieus,
Ne remarque que peu de si grande étandue:
Car les bors du canal rétrecissent sa veuë:
Et pour ne difformer par tant de trous ouuers
La face du Visroi de ce bas Vniuers.

   Ces deux Astres bessons, qui de leurs douces flames
Allument vn brasier dans les plus froides ames:
Ces miroirs de l'Esprit, ces Cyprides Flambeaus,
Ces deux Carquois d'Amour ont si tendre les peaus,
Par qui come à-trauers deux luisantes verrieres
Ils dardent par momens leurs plus viues lumieres:
Qu'ils se perdroient bien tôt : si Dieu de toutes pars
Ne les auoit couuers de fermes bouleuars:
Logeant si dextrement tant & tant de merueilles
Entre le nés, le front, & les jouës vermeilles:
Ainsi qu'en deux valons plaisâment embrassés
De tertres, qui ne sont ni peu, ni trop haussés.

   Et puis, come le toit preserue de son æle
Des iniures du Ciel la muraille nouuele:
On voit mile dangers loin de l'œil repoussés
Par le pront mouuement des sourcis herissés.

   Celui qui veut sçauoir combien l'humaine face
Reçoit d'vn nés bien fét d'ornement, & de grace:
Qu'il contemple vn Zopire, à qui cent fois plus cher
Fut son Roi que son nés, son deuoir que sa chair.
Le nés moins qu'en beautés en profits ne foisone.
Le nés est vn conduit qui reprend, & redone
L'esprit dont nous viuons. Le nés est vn tuyau,
Par qui l'os épongeus de l'humide cerueau

Hume la douce odeur. Le nés eſt la goutiere,
Par qui les excremens de peſante matiere
S'éuacuent en bas : come les moins épais
Se vont éuaporant par les iointes du tais:
Tout ainſi que l'on voit les ondeuſes fumées
Paſſer par le canal des noires cheminées.

Or pour ce que le Tans, & dedans, & dehors,
Auec ſa Lime ſourde amenuiſe tout cors:
Et que tout ce qui prend, & trépas, & naiſſance,
A toute heure eſt ſujet à perte de ſubſtance.
Le Tout-puiſſant a fét que la bouche nous rend
Ce que le ſein deuore, ou que l'âge dépend:
Come les abres vers par les racines hument,
L'humeur qui tient le lieu de l'humeur qu'ils conſument.

Dieu la mit en tel lieu, tant afin que le nés
Fit l'eſſay de l'odeur des viures déſtinés
Pour l'humain aliment : qu'afin que nôtre veuë
Diſcernat le Cerfeuil de la verte Ciguë,
Et du Serpent l'Anguile : ainſi que ſans faueur
La langue doit iuger de leur vraie ſaueur.

Vn double rang de dens ſert à l'ouuerte gueule
De forte paliſſade : & qui come vne meule
Enuoie promptement, ja demi-digerés,
Dans le chaud eſtomac les preſens de Cerés.
Et d'autant que les dens donroient à nôtre face,
S'on les voyoit à nu, plus d'effroi que de grace:
On voit par vn grand art leurs deux ordres couuers
De deux rouges couraus, ni peu, ni trop ouuers.

O Bouche! c'eſt par toi que nos aieus ſauuages,

Qui, vagabons, viuoient durant les premiers âges
Sous les cambrés rochers, ou sous les fueilleus bois
Sans regle, sans amour, sans commerce, sans lois,
S'vnissans en vn cors, ont habité les viles,
Et porté, non-forcés, le joug des lois ciuiles.
 O bouche! c'est par toi que les rudes espris
Ont des Espris sçauans tant de beaus ars apris.
Par toi nous alumons vn ardeur magnanime,
Dans les plus frois glaçons d'vn cœur pusillanime.
Par toi nous essuyons des plus tristes les yeus.
Par toi nous rembarrons l'effort seditieus
De la boüillante chair, qui nuit & iour se peine
D'ôter, & Trône, & Sceptre à la Raison humaine.
Nos Espris ont par toi commerce dans les Cieus.
Par toi nous apaisons l'ire du Dieu des Dieus :
Enuoiant d'ici bas sur la voûte étoilée
Les fideles soûpirs d'vne oraison Zelée.
Par toi nous fredonons du Tout-puissant l'honeur,
Nôtre langue est l'archet : nôtre Esprit le soneur :
Nos dens les nerfs batus : le creus de nos narines
Le creus de l'instrument, d'où ces Odes diuines
Prenent leur plus bel ær, & d'vn piteus accent
Dérobent peu à peu le foudre au Tout-puissant.
 Mais en quel membre humain luisent plus de merueilles
Qu'és muscles tortuëus des iumeles oreilles,
Portieres de l'Esprit, Ecoutes de nos cors,
Vrais Iuges des accens, Huissieres des tresors,
Dont Dieu nous enrichit, lors que dans son Ecole
Ses sains Ambassadeurs nous portent sa parole?

            Et

DE SALLVSTE.

Et d'autant que tout son semble touiour monter,
Le Tout-puissant voulut les oreilles planter
Au haut du bâtiment, ainsi qu'en deux Garites:
Coquillant leurs canaus, si que les vois conduites
Par les obliques plis de ces deux limaçons,
Touiour de plus en plus en allongent leurs sons:
Come l'ær de la trompe, ou de la saquebute
Dure plus que celui qui passe par la flûte:
Ou tout ainsi qu'vn bruit s'étand par les détours
D'vn écarté valon : ou court auec le cours
D'vn fleuue serpentant : ou, rompu, se redouble
Passant entre les dens de quelque roche double.

Ce qu'il fit d'autre-part, afin qu'vn rude bruit
Trauersant à droit fil l'vn & l'autre conduit,
N'étourdit le cerueau, ains enuoiât plus moles
Par ce courbé Dædale à l'esprit nos paroles:
Tout ainsi que le Gers, qui coule, tortueus,
Par le riche Armaignac, n'est tant impetueus
Que la Dou, qui sautant de montaigne en montaigne,
Fend d'vn cours préque droit de Tarbe la campagne.

Mains, qui du cors humain tracés la portréture,
Oubliés vous les mains, chambrieres de Nature,
Singes de l'Eternel, instrumens à tous ars
Et pour sauuer nos cors non-sodoyés soudars,
De nos conceptions diligentes Greffieres,
Ministres de l'esprit, & du cors viuandieres?

Tairés vous des genous, & des bras les ressors,
Qui iouent dextrement pour seruir tout le cors?
Car tout ainsi que l'arc son trét en l'ær déláche,

A a

Selon que plus, ou moins ſa corde eſt roide, ou lâche:
Nos nerfs, & nos tendons donent diuerſement
A la machine humaine, & force, & mouuement,
Entrenoüant les os, qui ſont les poûtres dures,
Les cheurons, les piliers, dont les beles iointures
Peuuent, maugré la mort, longuement empécher
D'écarteler les murs de ce logis de chair
Pourrés vous point encor oblier l'artifice
Des piés, ſoubaſſemens d'un ſi rare edifice?
 Hé! quoi? n'eſt-il pas tans, n'eſt-il pas tans de voir
Dans les ſecrés du cors le non-ſecrét pouuoir
D'un ſi parfet Ouurier? Prendrai-ie la Scalpele
Pour voir les cabinets de la double ceruele,
Treſoriere des ars, ſource du ſentiment,
Siege de la Raiſon, fertil comencement
Des nerfs & des tendons: que la ſage Nature
Arma d'un Mourrion, dont la double fourrure
Contre les fermes os de ſon cerne voûté
Preſerue du cerueau la froide humidité,
Qui dans ſes blancs tableaus reçoit à toutes heures
Autant d'impreſſions, que l'oeüil voit de figures?
 Pourrai-ie déploier ſur un docte fueillet
Ce Dedale ſubtil, cét admirable rêt
Par les replis duquel l'Eſprit monte & deuale:
Rendant ſa faculté de Vitale, Animale:
Tout ainſi que le ſang, & les Eſpris errans
Par les reflections des vaiſſeaus préparans,
D'un cours entortillé s'élabourent, ſe cuiſent,
Et en ſperme fecond peu-a-peu ſe reduiſent?

Décrirai-ie

Décrirai-ie du Cœur les inégaus côtés
D'vn contrepois égal sur leur pointe plantés?
Dont l'vn s'enfle de sang: & dans l'autre s'engendrent
Les arteres mouuans, qui par le cors s'épandent,
Où le subtil Esprit sans cesse ba-batant
Témoigne la santé d'vn pous touiour constant:
Où changeant à tous cous de branle, & de mesure,
Montre que l'accident peut plus que la Nature.
 Fendrai-ie le Poumon, qui d'vn mouuement dous
Tempere nuit & iour l'ardeur qui vit chés nous?
Semblable au ventelet, qui d'vne fréche haleine
Euente en plain Æté les cheueus d'vne plaine.
Poumon qui prend sans fin, qui sans fin rend l'Esprit,
De qui le change fét, qu'ici tout home vit:
Souflet, qui s'agitant par diuers interuales
Fét soner doucement nos parlantes regales?
 Fendrai-ie l'Estomac, qui, cuisinier parfét,
Cuit les viures si bien, qu'en peu d'heure il en fét
Vn Chile norricier: & fidele l'enuoye
Par la veine Portiere ez cauernes du Foye?
Le Foye en fét du sang, puis le ietant dehors,
Le depart iustement haut, & bas par le cors,
Par les conduis rameus d'vne autre grande Veine:
Semblable, ou peu s'enfaut, à la viue fonteine,
Qui diuisant son cours en cent petis ruisseaus,
Humecte vn beau iardin de ses éparses eaus.
 De-vrai come cét eau diuersement conduite
Fét croitre ici l'œüillet, là le froid Aconite,
Ici le prunier dous, ici l'aigre meurier,

Aa ij

Ici la baſſe vigne, ici le haut poirier,
Ici la mole figue, ici la dure amande,
Ici la Serpentine, & deçà la lauande.
Tout de méme le ſang, & le bon aliment,
Par tout le cors humain courans diuerſement,
S'alongent ore en nerfs, ore en os s'endurciſſent,
S'étandent ore en poil, ore en chair s'amoliſſent,
Se font ici moüele, ici muſcle, ici peau,
Pour rendre nôtre cors & plus fort, & plus beau.

 Mais non : ie ne veus pas fére vne ample Reueuë
Des membres que l'Ouurier dérobe à nôtre veuë.
Ie ne veus dépecer tout ce Palais humain :
Car ce braue projet requiert la docte main
Des deux fis d'Æſculape, & l'élabouré ſtile
Du diſert Galien, ou du haut Herophile.
Par cét échantillon il me ſuffit d'auoir
Telement-quelement montré le ſaint pouuoir
Non du fis de Iapet, ains du vrai Promethée,
Inimitable Ouurier de l'Image vantée.

 Or ce docte Imager, pour ſon œuure animer
Ne prit de l'ær, des chams, du feu, ni de la mer,
Vne cinquiéme Eſſance : ains pouſſant ſon haleine,
Il fit come couler de la viue fonteine
De ſa Diuinité, quelque petit ruiſſeau
Dans les ſacrés conduis de çe fréle vaiſſeau.

 Non qu'il ſe démembrât, non qu'il fit vn partage
De ſa Triple-vne Eſſence auec ſon propre ouurage :
Ains ſans perdre le ſien, d'vn ſoufle il le rendit
Riche de ſes vertus : & puiſſant, répandit

Si bien ſes rais ſur lui, qu'encor méme il lui reſte
Quelque luſtre aparent de la clarté celeſte.
 Ainſi l'Eſprit d'Adam proceda de l'Eſprit
Pere de l'Vniuers : ſans toutefois qu'il prit
La moindre portion de ſa ſimple ſubſtance,
Come le Fis reçoit eſſence de l'eſſence
De ſon pere mortel : ou come au Renouueau
De l'humide ſerment naiſt vn bourgeon nouueau.
 Bref ce n'étoit qu'vn vent : or le vent bien qu'il ſorte
Du creus de nôtre ſein : toutefois il n'emporte
Rien de nôtre ſubſtance : ains ſeulement retient
Les pures qualités de la part dont il vient.
 Inſpiré de ce Vent, ce Vent ie veus décrire.
Celui n'a point d'Eſprit qui ſon Eſprit n'admire.
Celui n'a point de ſens qui nuit & iour ne ſent
Les effés merueilleus d'vn Soufle ſi puiſſant.
 Ie ſçai que come l'œil voit tout fors que ſoi-méme :
Que nôtre Ame connoit toutes choſes de méme,
Fors que ſa propre eſſence : Et qu'ele ne peut pas
Meſurer ſa grandeur de ſon propre compas.
Mais come l'œil qui n'eſt offencé d'vn caterre,
Se voit aucunement dans l'onde ou dans le verre :
Nôtre Ame tout ainſi ſe contemple à peu-prés,
Dans le luiſant miroir de ſes effés ſacrés.
 Le vent d'Auſtre qui ront de ſa muglante haleine
Les rameaus des forés, qui de l'humide plaine
Fét mile mons, & vaus : qui baiſſe, audacieus,
Les pointes qui par trop s'auoiſinent des Cieus.
 L'odorante vapeur que la roſe ſoûpire,

A a iij

Tandis que les soûpirs d'un amoureus Zephire
Emaille la campagne : & que, pour plaire aus Cieus,
La Terre se reuêt d'un habit precieus.
　Les discordans accors que produit une Lyre,
Ne peuuent être veus : mais celui se peut dire
Sans nés, oreille, chair, qui ne flaire, oit, & sent
L'odeur, le son, le choc, des fleurs, du lut, du vent.
Bien que de nôtre esprit la nature subtile,
Fuie nos foibles yeus : son mouuement agile,
Et ses braues discours, montrent que nous n'auons
Seulement un Esprit par lequel nous viuons:
Ains un Esprit diuin, sacré, pur, admirable,
Non-fini, non-mortel, non-mêlé, non-palpable.
　Car soit que cét Esprit, inuenteur de tout art,
Soit tout en tout le cors, & tout en châque part:
Soit qu'il regne au cerueau : soit qu'au cœur il habite:
Où pouuoi-tu Zenon, enregitrer la suite
De tant de mots diuers, de tant de longs discours,
Pour de rang puis-aprés les redire au rebours?
　Où se pouuoit cacher ce grand tableau de cire,
Où d'un seau bien graué la memoire de Cyre
Imprimoit & les frons, & les noms des soudars,
Qui suiuoient par miliers ses vaincueurs étandars.
　En quel vaisseau profond le Legat de ce Pyrrhe,
Qui trompé par les vers de l'Oracle de Cyrrhe
Tenta l'effort Romain, versoit tant de tresors,
Pour puis en tans & lieu les étaler dehors?
　La Memoire est des yeus la fidele Greffiere,
Le Liure des Païsans, la riche Tresoriere,

Qui

Qui tient come en dépos tout ce que les humains,
Pouſſés de vens diuers, ont tanté de leurs mains,
Depuis que Dieu ieta les fondemens du Monde:
Que Phœbus s'atiffa d'une perruque blonde:
Et que l'Aſtre, qui plus s'aproche des mortels,
Mendia ſes rayons des rayons fraternels:
Si bien que la Raiſon, fueilletant, curieuſe,
Les plus ſecrets Archifs d'une Memoire heureuſe:
Et d'un nœu Gordien tenant entrelaſſés
Tant les actes preſens, que les geſtes paſſés,
Vient docte du futur : & rend l'home plus ſage
Pour paſſer, bien-heureus, le reſte de ſon âge.

 Or bien que nôtre Eſprit viue come captif
Dans les ceps de ce Cors : qu'il languiſſe, chétif,
Sous vn obſcur tombeau : d'vne tirade il vole
Et d'Imaue outre Calpe, & de la Terre au Pole,
Plus vite que celui qui d'vn flamboiant tour
Tout ce grand Vniuers poſtilone en vn iour.

 Car quitant quelquefois les terres trop connuës,
D'vne alégre ſecouſſe il ſaute ſur les nuës:
Il nouë par les ærs : ou, ſubtil, il aprend
Dequoi ſe fét la Nége, & la Grele, & le Vent,
Dequoi ſe fét l'Eclér, la Glace, la Tempéte,
La Pluye, le Tonerre, & la triſte Comete.

 Par les degrés de l'ær il monte audacieus,
Sur les planchers du Monde : il viſite les Cieus
Etage apres étage : il contemple leurs voûtes:
Il remarque l'accord de leurs contrères routes.
D'vn infallible get : & d'vn certain compas,

Il conte leurs brandons : il mesure leurs pas,
Leur grandeur, leur distance : & come si le monde
N'enfermoit dans le clos de sa figure ronde,
De sujés assés beaus, il s'élance dehors
Les murs de l'Vniuers : & loin, loin de tous cors
Il voit Dieu face à face : il voit les chastes gestes,
Et le Zele feruant des courtisans celestes.

   Que ne peut vn Esprit, qui fuiant le repos,
Brûle du saint desir d'eterniser son los?
Etan ton cler regard du Ponant à l'Aurore,
Et du bord Islandois iusqu'au riuage More:
Ton œüil n'i treuuera rien d'exquis, rien de beau,
Que la Plume, le Fer, le Moule, ou le Pinceau
N'ait si bien imité, que nôtre œüil peut à peine
Discerner le vrai cors d'auec sa forme vaine.
Céte Iument d'airain sur qui les étalons,
Lançoient, étans en rut, leurs fragiles talons:
Ce bel abre pampré, que la viue peinture
De Zeuxe fit iadis à l'enui de Nature:
Et sur qui les oiseaus à flotes voletoient:
Et pour vn vrai raisin le tableau bequetoient.
Ce mabre Athenien qu'vn ieune home folâtre
Auoit ja fiancé dans son ame idolâtre:
L'Apelloise Venus qui, portréte, n'auoit
Guére moins d'amoureus, que quand elle viuoit:
Sont témoins suffisans qu'vne docte peinture,
Déesse, peut former toute vne autre Nature.

   Mais l'artifice humain ne produit seulement
Vne masse sans ame, vn cors sans mouuement,

Ains

Ains il peuple les ærs d'vn volant Exercite
D'animaus bigarrés. Le Tarentin Archite
(Prince docte & vaillant) fit vn pigeon de bois,
Qui pouffé par l'accord de diuers contrepois
Se guindoit par le Ciel. Que dirai-ie de l'Aigle,
Dont vn docte Aleman honora nôtre Siecle?
Aigle, qui délogeant de la Métreffe main,
A la loin au deuant d'vn Empereur Germain:
Et, l'aiant bien-veigné, foudain d'vne æle acorte
Se tournant, le fuiuit iuqu'au fuëil de la porte
Du fort Norembergeois, que les piliers dorés,
Les tapiffés chemins, les arcs élaborés,
Les foudroians canons, ni la ieuneffe ifnele,
Ni le chenu Senat n'honoroient tant come ele.

   Vn iour, que cét Ouurier plus d'ébas, que de més,
En priué fétoyoit fes feigneurs plus aimés,
Vne Moûche de fer dans fa main recelée
Prit, fans aide d'autrui, fa gaillarde volée,
Fit vne entiere ronde : & puis d'vn farceau las,
Come aiant iugement, fe percha fur fon bras.

   Efprit vraiment diuin ! qui dans l'étroit efpace,
Du cors d'vn moûcheron peus treuuer prou de place
Pour tant de contrepois, chainetes, & reffors,
Qui lui feruoient d'efprit, d'éperon, & de mors.

   Vous mémes, ô clérs Cieus, bien que vôtre carriere,
Filant touiour d'vn train, ne treuue de barriere
Qui la puiffe arréter, n'échapés point les mains
Des humains qui ne font que par l'écorce humains.

   Vn Perfe non-content d'auoir borné par guerre

Bb

Son Domaine à peu-prés des bornes de la terre:
Pour regner dans le Ciel, maçon, ne redreſſa
Le Palais de Nembrot, & , Geant, n'entaſſa
Montaigne ſur montaigne : ains ſans bouger de terre,
Magnifique, il fondit vn ſi grand Ciel de verre,
Que ſeant quelquefois ſon haut trône au milieu,
Sous ſes piés orgueilleus il voyoit come vn Dieu
Les feus de l'autre Ciel ſe cacher ſous Nerée:
Puis tirer hors des flôs leur perruque dorée.
 Or ce Ciel n'auoit rien de merueilleus en ſoi,
Qu'vne enorme grandeur digne d'vn ſi grand Roi.
 Mais bon Dieu! qui croiroit que les dextres morteles
Fiſſent de nouueaus Ciels, & d'étoiles nouueles,
Qui par le train conſtant de leurs contréres cours
Peuſſent marquer les ans, & les mois, & les iours?
Et c'eſt bien toutefois vne hiſtoire auerée
Par cent graues témoins, que ce fin Briarée
Qui long tans deffendit, armé de mile mains,
Le mur Saragouſſois contre l'ôt des Romains:
Qui brûla d'vn miroir maint nauire de guerre:
Qui de la terre en l'onde, & de l'onde en la terre
Par ſa dextre traina lès plus peſans vaiſſeaus,
Qui gliſſerent iamès ſur les Tyrrhenes eaus;
Fit des Cercles luiſans, où les flames errantes,
Non de fèt, ains de nom : où les torches drillantes,
Qui décorent le front du vite firmament,
D'eles méme tournoient d'vn reglé mouuement.
 Hé! pourroi-ie cacher ſous vn obſcur Silence
Ce nouueau Ciel d'argent, qui n'aguere à Bizence

Fut

Fut au grand Roi des Turcs mandé par Ferdinand?
Là dedans un Esprit sans fin se promenant
Agitoit la machine : & bien que l'une Sphére
Glissât fort lentement, & que l'autre au contrére
Diligentât ses pas : leurs Astres toutefois
Des Astres naturels ne transgressoient les lois.
Là le Soleil suiuant du biaiz Zodiaque
Les tiquétes logis, iamés ne se detraque
De son prescrit chemin : là sa Sœur dans un mois
Parfét son vite cours : & changeant mainte-fois
De forme de visage : ore grande, or petite,
Les diuers changemens de l'autre Lune imite.

 O parfét animal ! qui sçais fere mouuoir
Les Cercles étoilés : qui ton diuin pouuoir
Etans dessus les Cieus : qui tiens en main la bride
Du perruqué Soleil, & de la Lune humide.
Ce chatoüilleus desir, qui te fét imiter
Les ouurages plus-beaus du non-feint Iupiter,
Porte par ses effets fidele témoignage
De ton extraction, & que son saint Image
Fut en ton ame empreint, quand son Esprit viuant,
Pour animer ton cors, t'emplit d'un sacré vent.

 Car come il est tout beau, ton ame est toute bele.
Come il est immortel, ton ame est immortele.
Il ne chome iamés : & ton Entendement
Est touiour en trauail, à l'erte, en mouuement.
Il discourt, tu discours : & ta meure prudence
A quelque parentele auec sa prouidence.
Il fét tout par raison, tu fés tout par compas.

Bb ij

*Il est l'honeur du Ciel, toi l'honeur de çà bas.
Il est le grand Pontife, & toi son grand Vicaire.
Il est Roi souuerain, & toi Roi tributaire.
     De-vrai tout aussi tôt que l'Eternel t'eust fét,
Il mit dessous ta main cét Ouurage parfét:
Fit que tous animaus te vindrent reconnoitre:
Et te dona pouuoir d'imposer, come Métre,
Des noms pleins d'efficace aus émaillés oiseaus,
Aus hôtes des forés, aus citadins des eaus.
Heureus, & trop heureus! si tu n'eusses, ô Pere!
Apostat, effacé ce diuin Caractere.
     Or puis que le Flambeau de nos espris accors
Luit si bien à trauers la lanterne du cors:
Quele sainte clarté naitra de céte Etoile,
Lors qu'ele brillera sans falot, & sans voile?
     L'esprit semble celui, qui pour viure en maison,
Que l'iniure du Ciel perce en toute saison,
Qu'un lac clôt de ses eaus: qu'un Autan touiour baise,
Malsain, ne vit iamés un quart d'heure à son aise.
     L'esprit semble à peu prés l'araigne, qui viuant
Au centre de son drap agité par le vent,
S'émeut tout aussi tôt que la bruiante Guépe
Touche tant seulement l'un des bors de son crépe.
     Vous qui dans ce Tableau, parmi tant de portrés,
Du Roi des Animaus contemplés les beaus trés,
Ca ça tournés un peu & vôtre œil, & vôtre ame:
Et, rauis, contemplés les beaus trés de la Feme,
Sans qui l'home çà bas n'est home qu'à demi,
Ce n'est qu'un loup-garou du Soleil ennemi,*

                                         Qu'vn

Qu'vn animal ſauuage, ombrageus, ſolitaire,
Biſarre, frenetique, à qui rien ne peut plaire,
Que le ſeul déplaiſir : né pour ſoi ſeulement:
Priué de cœur, d'eſprit, d'amour, de ſentiment.
   Dieu donq pour ne montrer ſa main moins liberale
Enuers le Mâle humain, qu'enuers tout autre Mâle,
Pour le parfét patron d'vne ſainte amitié,
A la moitié d'Adam ioint vne autre moitié:
La prenant de ſon cors, pour étreindre en tout âge
D'vn lien plus étroit le ſacré mariage.
   Come le Medecin, qui deſire trencher
Quelque membre incurable, auant que d'aprocher
Les glaiues impiteus de la part offencée,
Endort le patiant d'vne boiſſon glacée:
Puis ſans nule douleur, guidé d'vſage, & d'art,
Pour ſauuer l'home entier, il en coupe vne part.
Le Tout-puiſſant ternit de nôtre Aïeul la face:
Verſe dedans ſes os vne mortele glace:
Sille ſes yeus ardans d'vn froid bandeau de fer:
Guide préque ſes piés iuſqu'au ſueil de l'enfer:
Bref ſi bien engourdit & ſon cors, & ſon ame,
Que ſa chair ſans douleur par les flancs il entame:
Qu'il en tire vne côte, & va d'ele formant
La Mere des humains, grauant ſi dextrement
Tous les beaus trés d'Adam en la côte animée,
Qu'on ne peut diſcerner l'Amant d'auec l'Aimée.
Bien eſt vrai toutefois qu'ele a l'œil plus riant,
Le teint plus delicat, le front plus atrayant,
Le menton nét de poil, la parole moins forte,

Et que deux mons d'Iuoire en son sein ele porte.
 Aprés que l'Eternel l'a priué de someil :
L'home vnique n'a point si tôt ieté son œil
Sur les douces beautés de sa Moitié nouuele,
Qu'il la baise, l'embrasse, & haut & clér l'apele
Sa Vie, son Amour, son Apui, son Repos,
Et la Chair de sa chair, & les Os de ses os.
 Source de tout bon-heur, Amoureus Androgyne
Iamés ie ne discour sur ta sainte origine,
Que, raui, ie n'admire en quele sorte alors
D'vn cors Dieu fit deux cors : puis de deux ors vn cors.
 O bien-heureus lien ! ô noce fortunée !
Qui de Christ & de nous figures l'Himenée.
O pudique amitié qui sons par ton ardeur
Deux ames en vne ame, & deux cœurs en vn cœur !
O Contract inuenté dans l'odorant Parterre
Du Printanier Edem, & non dans céte terre
Toute rouge de sang, toute comble de maus,
Et le premier Enfer des maudis Animaus,
Qui guerroient le Ciel ! ô sacrée Aliance
Que le fis d'vne Vierge orna de sa presance,
Quand les eaus du Iordain il conuertit en vin,
Témoignage premier de son pouuoir diuin !
Par ton alme faueur apres nos funerailles,
Bien heureus, nous laissons des viuantes medailles,
Renaissans en nos fis qui vont de main en main,
Cà-bas eternisant le mortel genre humain.
 Par toi nous étandons fort loin nos parenteles :
Nous nous fortifions d'aliances nouueles :

Si

Si que tout un païs ne nous est quelque-fois
Qu'vne seule maison policée de lois.
 Par toi deux grands Cités, que la sanglante rage
De Mars le boute-feu cruelement rauage,
Echangeant en amour leur fiere hostilité,
Font de deux grands Cités vne seule Cité.
 Par toi nous éteignons les impudiques flames
Que l'Archer Paphien alume dans nos ames:
Et aprenant de toi come il faut bien aimer,
Treuuons le miel plus dous, & le fiel moins amer,
Qui s'entre-succedans comblent la vie humaine,
Or de sucré plaisir, or d'angoisseuse peine.

FIN.

SEPTIEME IOVR
DE LA SEPMAINE DE G.
DE SALLVSTE, SEIGNEVR
du Bartas.

E Peintre, qui tirant vn diuers Païsage,
A mis en œuure l'Art, la Nature, & l'vsage:
Et qui, docte, a doné d'vn trauaillé pinceau
Ia la derniere main au penible Tableau:
Oublie ses trauaus, rit d'aise en son courage,
Et tient touiour ses yeus collés sur son Ouurage.
 Il regarde tantôt par vn pré sauteler
Vn Agneau, qui, muët, semble préque béler:
Or les rameaus tremblans d'vn ombrageus bocage,
Ore le ventre creus d'vne grote sauuage,
Ore vn petit sentier, ore vn chemin batu,
Ore vn Pin baise-nuë, ore vn Chêne abatu.
 Ici par le pendant d'vne roche couuerte
D'vn tapis damassé moitié de mousse verte,
Moitié de vert l'hyerre, vn argenté ruisseau
A flôs entrecoupés precipite son eau:
Et, qui courant aprés or sus, or sous la terre,
Humecte, diuisé, les quarreaus d'vn Parterre.
 Ici l'arquebusier de derriere vn buys vert,
Affuté, vise droit contre vn Chêne couuert

De

De biſets paſſagers. Le roüet ſe débande:
L'amorce vole en-haut: d'vne viteſſe grande,
Vn plom enuironné de fumée & de feu,
Come vn foudre éclatant court par le bois touffu.

 Ici deux bergerots ſur l'émaillé riuage
Font à qui mieus courir, pour le pris d'vne cage.
Vn nuage poudreus s'émeut deſſous leurs pas.
Ils marchent & de tête, & de piés, & de bras.
Ils fondent tous en eau: vne ſuiuante preſſe
Semble rendre en criant plus vite leur viteſſe.

 Ici deux bœufs ſuans de leurs cols haraſſés,
Le coûtre fend-gueret trainent à pas forcés.

 Ici la pâtorelle à trauers vne plaine
Chez ſoi d'vn pié gaillard ſon gras troupeau r'ameine:
Cheminant elle file, & à voir ſa façon,
On diroit qu'elle entonne vne douce Chanſon.

 Vn fleuue coule ici, là nait vne fontaine:
Ici s'éleue vn mont, là s'abaiſſe vne plaine:
Ici fume vn Château, là fume vne Cité:
Et là flote vne Nef ſur Neptune irrité.

 Bref, l'art ſi viuement exprime la Nature,
Que le Peintre ſe perd en ſa propre peinture:
N'en pouuant tirer l'œil: d'autant qu'ou plus auant
Il contemple ſon Oeuure il ſe void plus ſauant.

 Ainſi ce grand Ouurier, dont la gloire fameuſe
I'ébauche du pinceau de ma groſſiere Muſe,
Aiant ces iours paſſés d'vn ſoin non-ſoucieus,
D'vn labeur ſans labeur, d'vn trauail gracieus
Parfét de ce grand Tout l'infini païſage,

            Cc

Se repose ce Iour: s'admire en son ouurage:
Et son œil, qui n'a point pour vn tans autre objet,
Reçoit l'esperé fruit d'vn si braue projet.
(Si le begayement de ma froide Eloquence
Peut parler des proiés d'vne si haute Essence.)

 Il voit ore comment la Mer porte-vaisseaus
Pour homage reçoit de tous fleuues les eaus:
Il voit que d'autre-part le Ciel ses ondes hume,
Sans que le tribut l'enfle, ou le feu la consume.
Il voit de ses bourgeois les fecondes amours:
De son flus & reflus il contemple le cours,
Sur qui le front cornu de l'Etoile voisine
D'vn aspect inconstant, & nuit, & iour domine.
Il œillade tantôt les chams passemantés
Du cours entortillé des fleuues argentés.

 Ore il prend son plaisir à voir que quatre Freres
Soûtienent l'Vniuers par leurs effors contréres:
Et come l'vn par tans en l'autre se dissout:
Si que de leur debat naist la paix de ce Tout.

 Il s'égaye tantôt à contempler la course
Des Cieus glissans autour de la Croix & de l'Ourse:
Et come sans repos or sus, or sous les eaus
Par chemins tous diuers ils guident leurs flambeaus.

 Ore il prend ses ébas à voir come la flamme,
Qui cerne ce grand Tout, rien de ce Tout n'enflamme.
Come le cors glissant de non-solides ærs
Peut porter tant d'oiseaus, de glaçons, & des Mers.
Come l'eau, qui touiour demande la descente,
Entre la terre, & l'ær se peut tenir en pente.

            Come

Come l'autre Element se maintient otieus,
Sans dans l'eau s'enfondrer, ou sans se ioindre aus Cieus.
　Or son nés à lons trés odore vne grand plaine,
Où començoit flairer l'encens, la marjolaine,
La canele, l'œüillet, le nard, le romarin,
Le serpolet, la rose, & le baume, & le thin.
　Or son oreille il pait de la mignarde noise,
Que le Puple volant par les forés dégoise :
Car bien que châque oiseau, guidé d'vn art sans art,
Dans les bois verdoians tiene son chant à part,
Si n'ont ils toutefois tous ensemble pour Verbe
Que du Roi de ce Tout la louange superbe.
　Et bref l'oreille, l'œil, le nés du Tout-puissant
En son Oeuure n'oit rien, rien ne voit, rien ne sent,
Qui ne prêche son los : ou ne luise sa face :
Qui n'épande par tout les odeurs de sa grace.
Mais plus que tout encor les humaines beautés
Tienent du Tout-puissant tous les sens arrétés.
L'home est sa volupté, l'home est son saint Image,
Et pour l'amour de l'home il aime son Ouurage.
　Non que i'aille forgeant vne Diuinité
Qui languisse là-haut en morne oisiueté
Vn Dieu non plus soigneus des vertus, que des vices :
Vn Dieu sourd à nos cris, aueugle à nos seruices.
Fai-neant, songe-creus : & bref vn Loir qui dort
D'vn someil eternel : ou plutôt vn Dieu mort.
　Or bien que quelquefois repousser ie ne puisse
Maint profane penser, qui dans mon Ame glisse,
Ie ne pense onques en Dieu, sans en Dieu conceuoir

Cc ij

Iuſtice, Soin, Conſeil, Amour, Bonté, Pouuoir:
Veu que l'home, qui n'eſt de Dieu qu'vn mort Image,
Sans ces dons n'eſt plus home, ainçois béte ſauuage?

 Tu dormois Epicure, encor plus que ton Dieu,
Quand tu fantaſtiquois vn Lethargique au lieu
De la ſource de vie : ou, d'vne ruſe vaine
Des Athées fuiant non le crime, ains la peine,
Tu metois en auant vn Dieu tant imparfét,
Pour l'auoüer de bouche, & le nier de fét.

 Dieu n'eſt tel qu'vn grand Roi qui s'aſſied pour s'ébatre,
Au plus eminent lieu d'vn ſuperbe Theatre:
Et qui ſans ordonner des fables l'appareil,
Ne veut que contenter ſon oreille & ſon œil.

 Qui content d'auoir fét roüer par ſa parole,
Tant d'Aſtres flamboyans ſur l'vn & l'autre Pole:
Et come en châque cors du burin de ſon doi
Graue le texte ſaint d'vne eternelle loi:
Tenant ſa dextre au ſein, abandone leur bride,
Pour les laiſſer courir où cete loi les guide:
Tel que cil qui iadis par vn canal nouueau,
Penible, a détourné le flotant cours d'vn eau,
N'eſt plus come deuant pour cete ſource en peine:
Ains la laiſſe couler où ſa foſſe la meine.

 Dieu, nôtre Dieu n'eſt point vn Dieu nu de puiſſance,
D'induſtrie, de ſoin, de bonté, de prudence:
Il s'eſt montré puiſſant formant ce Tout de rien:
Il s'eſt montré ſubtil en le réglant ſi bien:
Soigneus en l'acheuant en deux fois trois iournées:
Bon en le bâtiſſant pour des choſes non nées:

Et

Et sage, en le tenant maugré l'effort du Tans
En son premier état tant de centaines d'ans.
    Hé Dieu! combien de fois céte bele Machine
Par sa propre grandeur eut causé sa ruine?
Combien de fois ce Tout eut senti le trépas,
S'il n'eut eu du grand Dieu pour arc-uoûtans les bras?
    Dieu est l'Ame, le Nerf, la Vie, l'Efficace,
Qui anime, qui meut, qui soûtient céte Masse.
Dieu est le grand ressort, qui fét de ce grand Cors
Ioüer diuersement tous les petis ressors.
Dieu est ce fort Athlas, dont l'imploiable échine
Soûtient la pesanteur de l'Astrée machine.
    Dieu des moites surjeons rend immortel le cours:
Dieu fét couler sans fin les nuits apres les iours:
L'hyuer apres l'Automne, apres l'Hyuer la Prime,
Apres ele l'Eté. Dieu tous les ans r'anime
L'amarry de la Terre, & fét qu'ele n'a pas
De tant d'enfantemens préqu'encor le flanc las.
Dieu fét que le Soleil, & les Astres de méme,
Bien qu'ils soient tres-ardens, ne se brûlent eus-méme:
Que leurs rayons brillans d'un triste embrasemnt
N'anticipent le iour du dernier iugement.
Et qu'en vn méme Tans d'vne contrère course,
Ils vont vers le Ponant, vers l'Aurore, & vers l'Ourse.
    Jamés le cours du Ciel ne transgresse ses lois.
Le Nerée flotant n'obeït qu'à sa vois.
L'Ær est de son ressort, le Feu de son domaine:
La Terre est en sa Terre: & rien ne se promeine
Par royaumes si grans, qui ne soit agité

Cc iij

Du secret mouuement de son Eternité.

 Dieu est le President, qui par tout a Iustice
Haute, moienne, & basse : & qui sans auarice,
Ignorance, faueur, creinte, respet, courrous
Ses arrés sans appel prononce contre nous.

 Il est Iuge, Enquèteur, & Témoin tout ensemble.
Il ne treuue secret ce que secret nous semble.
Le plus double courage il sonde iusqu'au fons.
Il voit clér à minuit. Les goufres plus profons
Lui sont gués de Cristal : & son œil de Lyncée
Découure la pensée auant qu'étre pensée.

 Son iugement donné ne demeure sans fruit :
Car il a pour Sergens tout ce qu'au Ciel reluit,
Qui germe par les chams, qui sur terre chemine,
Qui voltige par l'ær, qui nouë en la marine.
Il a pour ses Commis tous ses Espris ælés,
Dont le pié foule l'or des Cercles étoilés.
Et Sathan assisté de l'Infernale bande
Execute soudain tout ce qu'il lui commande.
Bref c'est vn bon Ouurier, qùi s'aide dextrement,
Aussi bien d'vn mauuais, que d'vn bon Instrument.
Qui fét pour doner cours à sa haute Iustice
Contre nous-méme armer nôtre propre malice.
Qui fét, pour le dessein des méchans empécher,
Ses plus grans ennemis à sa solde marcher.

 Bien est vrai toutefois que les choses humaines
Sans frein semblent couler tant & tant incertaines,
Qu'on ne peut en la mer de tant d'éuenemens
Remarquer quelquefois les diuins iugemens :

Ains

Ains come a-vau-de-route il semble que fortune
Régle sans réglement ce qui luit sous la Lune.
 Si demeures-tu iuste, ô Dieu! mais ie ne puis
Sonder de tes desseins l'inépuisable puis:
Mon Esprit est trop court pour doner quelque attainte,
Méme au plus bas conseil de ta Majesté sainte:
Tes secrés moins secrés, ô Dieu! ie recognoi
Letres closes à nous, & patentes à toi.
 Bien-souuent toutefois ce que de prime-face,
Come iniuste à nos sens, nôtre raison surpasse.
Tu veus, ô Tout-puissant! tu veus qu'en sa saison
Nous le reconnoissons étre fét par raison.
 Permetant aus Hebrieus la vente fraternele,
Tu semblas démentir la Iustice eternele.
Mais Iacob aduerti, que d'un rare bon-heur
Son fis de poure Esclaue étoit fét Gouuerneur
Des chams, pour qui le Nil d'un débord sét fois riche
Repare le deffaut du Ciel d'humeur trop chiche:
Aprit que le complot de ses traitres germains
Auoit mis le timon de Memphe entre ses mains:
Afin qu'à l'aduenir la Terre Egyptiene,
Nourrice, recueillit la race Abramiene.
 Quand tu voulus punir d'un châtiment diuers
Sodome par le feu, par la mer l'Vniuers:
D'autant qu'en eus encor viuoit quelque relique
De Iustice, & Bonté, tu semblas étre inique.
Mais tout soudain qu'on vit sauués Noé, & Lot,
Cétui-ci de la flame, & cétui-là du flot,
Clérement on connut que ta sainte Iustice

Preserue l'innocence, & chatie le vice.

Celui ferme les yeus au rais d'vn clér Soleil,
Qui ne voit que Pharon, est come l'appareil
Du salut des Hebrieus : & que son dur courage
Aplanit le chemin à leur futur voiage :
Afin que l'Eternel des Tyrans combatu
Treuue assés large champ pour montrer sa vertu.

Et qui ne sçait encor que la traitre iniustice
D'vn Iuge ambitieus, de Iudas l'auarice,
L'enuie des Docteurs, du Puple la fureur,
Seruirent d'instrumens pour reparer l'erreur
De ce vieil Roi d'Eden, dont la gloutonne audace
Feit sa Lepre à iamés découler sur sa race.

Le souci du grand Dieu par ses effets diuers
De membre en membre court par tout cét Vniuers.
Mais d'vn soin plus-soigneus il couure de ses æles
La semence d'Adam, & sur tous les fideles :
Car il ne veille point qu'en faueur des humains
Qui lui dressent, deuots, & leurs vœus, & leurs mains.

Pour eus d'vn cours certain le Ciel sans cesse ronde.
Les chams sont féts pour eus : pour eus est féte l'onde.
Il comte leurs cheueus : il mesure leurs pas :
Il parle par leur bouche : il manie leurs bras :
Il se parque en leur cœur : & nuit & iour des Anges
Il campe à l'entour d'eus les veillantes fallanges.

Mais quel bruit oy-ie ici ? Homes sans Dieu, sans foi,
Ie ne m'étonne pas de vous voir contre moi
Ligués à tous propos : seulement ie m'étonne,
Que ceus de qui la foi come vn Astre rayonne.

Parmi

Parmi nos sombres nuis, se puissent tant de fois
Ecarmoûcher au son d'une si sainte vois:
D'autant que non sans pleurs ils voient que la Troupe
Qui plus le Ciel outrage a touiour vent en poupe:
Qu'elle a le sceptre en main, au coffre les lingôs,
Le diadéme au front, le pourpre sur le dos:
Que tout lui fét la Cour, que tout la favorise:
Que sous la main celeste ele est come en franchise:
Et que méme ses biens, ses honeurs, ses plaisirs
Surmontent ses dessains, deuancent ses desirs.
Qu'au contrére les Bons sur la mer de ce monde
Sont sans cesse agités & du flot, & de l'onde:
Qu'ils ont si peu qu'Euripe en la terre repos:
Que le fleau du grand Dieu pend touiour sur leur dos:
Qu'ils sont touiour suiuis de honte, perte, encombre,
Come est la nuit d'humeur, & le cors de son ombre.

  Paix, paix mes bons amis : car i'espere effacer
De vos cœurs chancelans ce profane penser.
Sachés donques que Dieu, afin qu'on ne l'estime
Iuge sans iugement, punit ici maint crime.
Sachés qu'il laisse aussi maint crime sans tourment,
Afin que nous creignons son dernier iugement.
Aprenés d'autre part, que la Croix est l'Echele
Qui conduit les humains à la gloire immortele:
Et la Voye de lait, qui blanchissant les Cieus,
Guide les sains espris au saint conseil des Dieus.

  Hé! ne voyés vous point come le sage pere
Tenant le frein plus court au fis, qu'au mercenére,
Reprend l'un rarement, & l'autre châque iour,

D d

L'vn pour reſpet d'vn gain, & l'autre par amour?
　　L'Ecuyer, qui cerné d'vne noble Ieuneſſe
Les genereus détriers d'vn grand Monarque dreſſe,
Repique plus ſouuent celui de ſes cheuaus,
Qu'il cuide étre mieus né pour les guerriers trauaus.
　　Le penible Regent, dont la docte parole
Tout l'honeur d'vn païs cultiue en vne Ecole,
Charge plus de leçon ceus, à qui Dieu depart
Plus d'eſprit pour comprendre en peu de tans vn art.
　　Vn grand Chef ne commet qu'à ceus que plus il priſe
Le dangereus hazard d'vne belle entrepriſe.
Ore il les fét aller les premiers à l'aſſaut,
Or deuant cent canons les plante ſur le haut
D'vne bréche aſſaillie, ore auec peu de force
Leur comande d'entrer dans vn fort que l'on force.
　　Dieu bat ceus qu'il cherit du bers iuqu'au cercueil,
Pour ſe fére connoitre: abattre leur orgueil:
Arracher maint ſoûpir de leur deuote bouche:
Eprouuer leur conſtance à la pierre de touche:
Réueiller leur pareſſe: exercer leurs eſpris,
A trauailler; heureus, aprés le pris ſans pris.
　　Le Medecin, qui ſçait ioindre à la Theoricque
L'exercice fâcheus d'vne longue Practique,
Applique le remede au cors plein de langueur
Selon la qualité de la peccante humeur:
Gueriſſant cétui-ci par dietes auſtères,
L'autre par jus amers, cétui-là par cauteres:
Et coupant quelquefois ou la jambe, ou le bras
D'vn autre garentit tout le cors du trépas.

　　　　　　　　　　　　　　　　　Ainſi

Ainsi le Tout-puissant, selon l'humeur peccante,
Qui les Saints les plus sains à boutées tourmente,
Ordonne ore la faim, ore un banissement,
Ore vne ignominie, ore un âpre torment,
Ore un procés fâcheus, ore vn cruel naufrage,
Ore d'un fis la perte, ore un triste veuuage.
Mais tenant toutefois pour le salut humain
En vne main le fleau, l'emplâtre en l'autre main.

   Le guerrier, qui par trop seiourne en vne place,
Laisse attiedir l'ardeur de sa premiere audace.
La roüille va mangeant le glaiue au croc pendu.
Le ver ronge l'habit dans le coffre étendu.
L'eau qui ne court se rend & puante, & mal-saine.
La vertu n'a vertu que quand elle est en peine.

   De-vrai tout ce qu'on voit au monde de plus beau
Est sujet au trauail. Ainsi la flamme, & l'eau
L'une à-mont, l'autre à-val sont touiour en voiage.
L'ær n'est préque iamés sans vent, & sans orage.
L'esprit est sans Esprit, s'il ne sçait discourir.
Le Ciel cessera d'étre en cessant de courir.

   Par les playes du front le soldat se segnale :
Mais cil qui non-blessé de la bréche deuale
Done à penser aus Chefs, que la peur du trépas
A glacé son courage, & lié ses deus bras.

   Dieu donq pour proposer à l'humaine ignorance
Quelque rare patron d'inuincible constance :
Et ses fis bien-aimés coroner des lauriers
A iuste tiltre acquis dessus mile guerriers,
Va contre eus harceler autant, ou plus encore

De maus, qu'il n'en sortit de l'étui de Pandore,
Munissant toutefois d'un tel plastron leur cœur,
Qu'étant le cors veincu, l'Esprit reste veincueur.

 Mais sans cause à ces maus si mauuais nom ie donne,
Le seul vice est mauuais, la vertu seule est bonne
De sa propre Nature : & tout le demeurant
Outre vice, & vertu demeure indifferent.

 Que la Fortune aduerse aus Chams mette ses forces
Contre un home constant, ses plus rudes entorces
Ne lui feront changer ses desseins bien-conceus,
Non méme quand le Ciel lui tomberoit dessus.

 L'home vraiment constant est tout tel que Nerée,
Qui ouure à tous venans sa poitrine azurée :
Et toutefois tant d'eaus qu'il boit de tous cotés,
Ne lui font tant soit peu changer ses qualités.

 L'home que Dieu munit d'une braue asseurance
Semble au bon estomac, qui soudain ne s'offence
Pour l'excés plus leger : ains change promtement
Toute sorte de més en parfét aliment.

 Donques bien que de Dieu la sagesse profonde
Encor, encor besoigne au regime du Monde :
Il est vrai qu'en six iours sa dextre composa
Tout ce grand Vniuers : & puis se reposa :
Voulant qu'à son exemple Adam, & sa lignée,
Chome eternelement la septiéme iournée.

 L'Eternel se souuient que sa Métresse main,
D'une masse de fer ne fit le cors humain :
Ains qu'il logea nôtre Ame en un vaisseau de terre,
Plus liquide que l'eau, plus fréle que le verre.

Il ſçait que rien plutôt ne nous guide au trépas
Qu'auoir touiour tendus les eſpris & les bras.
　Le champ qui quelques ans demeure come en friche,
Quand il eſt reſemé, fét vn rapport plus riche.
Le fleuue pour vn tans par l'écluſe arrété,
Pouſſe plus roidement ſon flot precipité.
L'arc, qui pour quelques iours deſencordé demeure,
Enfonce plus auant la mortele bleceure.
Le ſoudard au combatre va plus furieus
Aiant vn peu couué le ſomne dans ſes yeus.
Tout de méme ce Cors, quand pour reprendre halaine,
Il vit en dous repos vn iour de la Sepmaine,
Ses facultés r'aſſemble, & remét l'endemain
Beaucoup plus gaiëment en beſogne ſa main.
　Mais le but principal où ce Precepte viſe,
C'eſt qu'éteignant chez nous le feu de conuoitiſe:
Et donant quelque tréue aus profanes labeurs,
Nous laiſſions trauailler l'Eternel dans nos cœurs,
C'eſt qu'en foulant des piés toutes choſes morteles
Nous puiſſions beaucoup mieus ſoigner les Eterneles:
Féſant come l'Archer, qui pour conduire mieus
La fléche ſur le blanc, ferme l'vn de ſes yeus.
　Car par le Tout-puiſſant céte ſainte Iournée
Ne fut aus bals, aus ieus, aus maſques deſtinée:
Pour languir en ſeiour: pour ſe perdre en plaiſirs:
Pour la bride lâcher aus forcenés deſirs:
Pour fére d'vn iour ſaint des ordes Lupercales,
Des Orgies criars, des foles Saturnales:
Pour ébloüir les yeus d'vne vaine ſplendeur:

Pour prier d'autres Dieus : pour seruir sa grandeur
Suiuant les vaines lois, dont l'humaine arrogance
De l'Eglise premiere a sapé l'innocence.
    Dieu veut qu'en certain lieu on s'assemble ce iour,
Pour de son nom apprendre & la crainte, & l'amour.
Il veut que là dedans le Ministre fidele
De l'os des sains écrits arrache la moüelle :
Et nous face toucher come au doi les secrés
Cachés sous le bandeau des Oracles sacrés.
Car bien que la leçon des deux plus saintes Pages
Féte entre murs priués, émeuue nos courages :
La doctrine qui part d'une diserte Vois
Sans doute a beaucoup plus d'efficace & de pois.
    Il veut que là dedans, come à l'enui des Anges,
Nous fésons retantir ses diuines loüanges,
Pour l'hommage, & le fief des biens que nous tenons
En sa riche Directe. Il veut que nous prenons
Son Christ pour sauuegarde : & qu'auec asseurance
Par lui nous implorons sa diuine Clemence :
Veu qu'il tient sous la clef de ses riches tresors
Tous les biens de fortune, & de l'ame, & du cors.
    Il veut que ce Sabat nous soit vne figure
Du bien-heureus Sabat de la vie future.
Mais l'vn come Legal n'a soin que du dehors :
L'autre met en repos & l'esprit, & le cors.
L'vn ne dure qu'vn iour : de l'autre l'heur extréme
N'est point moins eternel, que l'Eternité méme.
L'vn consiste en ombrage : & l'autre en verité.
L'vn en pedagogie : & l'autre en liberté.

                                        L'vn

L'vn a souuent le front affublé d'vn nüage
De chagrineus soucis : & l'autre a le visage
Touiour touiour serain, sans que iamés de lui
S'approche seulement la crainte d'vn ennui.
C'est le grand Iubilé, c'est la Féte des Fétes,
Le Sabat des Sabats, qu'auec les tiens tu fétes.
O bon Roi ! qui portant nos pechés sur ton dos,
Par cent mile trauaus nous a mis en repos.
 Il veut que ce iourd'hui nôtre ame sequéstrée
Des negoces humains, lise en la voûte astrée,
Lise ez chams, lise ez flôs, lise en tout autre lieu,
La bonté, le pouuoir, la sagesse de Dieu :
Afin que tant de cors soient autant de bons Métres
Pour rendre grans Docteurs ceus qui n'ont point de letres.
 Sié-toi donq, ô Lecteur, sié-toi donq pres de moi :
Discour en mes discours : voi tout ce que ie voi :
Oy ce Docteur muët : étudie en ce Liure,
Qui nuit & iour ouuert t'aprendra de bien viure.
Car depuis les clous d'or du vite firmament,
Iuqu'au centre profond du plus bas Element,
Chose tu ne verras, tant petite soit elle,
Qui n'enseigne aus plus lours quelque leçon nouuelle.
 Voi-tu pas ces Brandons qu'à tort on nomme errans?
L'vn court çà, l'autre là par sentiers differens :
Et toutefois sans fin leur route suit la route
Du Ciel premier moteur, qui tout clôt de sa voûte.
Cela t'aprend, qu'encor que ton propre desir
Directement s'oppose au celeste plaisir.
Et de voile & de rame en ta façon de viure,

De Dieu premier moteur le vouloir tu dois suiure.
 T'orgueilli-tu de voir orné de tous cotés
Ton Esprit de vertus, & ton cors de beautés?
Phœbé, qui de Phœbus tient ses beautés plus beles,
Par exemple te doit fére baisser les æles,
D'autant que par emprunt non moins qu'ele tu tiens
Du Prince des Flambeaus toute sorte de biens.
 Veus tu de cors en cors iuqu'à terre descendre?
Voi que ce Feu, que Dieu voulut en rond étendre,
Come voisin du Ciel est leger, clér, & pur.
Et celui de çà-bas pesant, fumeus, obscur.
Ainsi tandis qu'au Ciel ton Esprit a commerce:
Loin loin de lui s'enfuit toute fureur peruerse:
Et, bien, que citoyen du Monde vicieus,
Tu ne vis moins content que les Anges des Cieus.
Mais si touiour tu tiens l'Ame come colée
Contre l'impur limon de la sombre valée,
Où chetiz nous viuons, elle prendra sa part
De cét ær pestilent, qui de sa loge part.
 Sil aduient que Fortune en ton endroit farouche
Te dresse nuit, & iour mainte chaude écarmouche,
Souuiene toi que l'ær se corromt vitement,
Si le vent ne le bat d'vn diuers soufflement.
 Thetys, qui dans l'Enfer engoufre ore son onde,
Or d'vn mont écumeus bat le plancher du Monde,
Sans passer toutefois le moindre de ces bors,
Que l'Eternel planta pour brider ses effors:
Te montre que des Rois le menaçant orage,
Le vent d'ambition, l'insatiable rage

D'entasser

D'entaſſer or ſur or, d'un ſeul trauers de doi
Ne te doit du grand Dieu fére franchir la Loi.
   La terre, qui iamés toute en un tans ne croule,
Bien que la peſanteur de ſa ſeconde boule
N'ait receu du grand Dieu plus fermes fondemens,
Que le gliſſant appui des plus mols Elemens:
Par ſon conſtant ſeiour nous montre quel doit étre
L'Animal qui fut fét de la terre le Métre.
   Mais hé! qu'as tu chez toi, nôtre Mere qu'as tu,
Qui d'un ſtile diſert ne préche la vertu?
Que le Noble, le Fort, & le Riche, & le Docte,
Soit come Roturier, Debile, Poure, Indocte:
Et voiant par les chams blondoier la moiſſon
Des épis barbotés, aprene ſa leçon,
Qui plus ſont plains de grain, plus leurs tétes abbaiſſent:
Plus ſont vuides de grain, plus haut leurs tétes dreſſent.
   Que cele qui ſe ſent chatoüiller du deſir
De ſoüiller le ſaint lit d'un deffendu plaiſir:
Ait honte pour le moins de la palme loyale,
Qui ne veut porter fruit qu'étant prés de ſon mâle.
   Toi, qui broſſant aprés la courone d'honneur,
Pers au milieu du cours & la force, & le cœur:
Souuien-toi que l'honeur reſſemble la canele,
Autour de qui Nature épeſſement dentele
De mains buiſſons pénans: afin que les humains
Ne ietent ſans danger ſur ſon tige leurs mains.
   Hé! peus-tu contempler l'étroite ſympathie,
Qui ioint le blond Soleil, & la blonde Clytie,
Sans penſer qu'il nous faut imiter tous les iours

Ee

Du Soleil de Iuſtice, & la vie, & le cours?
  O Terre ! les treſors de ta creuſe poitrine
Ne ſont point enuers nous moins ſecons en doctrine.
Car ainſi que la chaus dans l'onde ſe diſſout,
Saute, s'enfle, s'épand, fume, petille, boût:
Et réueille ce Feu, dont l'ardeur pareſſeuſe
Dormoit ſous l'épeſſeur d'vne Maſſe pierreuſe:
Celui, qui pour marcher ſous l'enſeigne de Chriſt,
Veut laiſſer dans ſon cœur regner le Saint-Eſprit,
Doit fére, qu'au milieu des tourmens il réueille
Son Zele, qui ſouuent en tans calme ſommeille.
  Et come d'autre-part le riche Diamant,
Soit au fer, ſoit au feu reſiſte obſtinément.
L'home vraiment Chreſtien, bien qu'il n'ait iamés treue,
Doit mépriſer des grans & la flame, & le glaiue:
Ou ſi d'vn fleau peſant l'impeteuſe rigueur
Du ſiege de conſtance ébranle vn peu ſon cœur:
Il doit imiter l'or, duquel la richeſſe maſſe
S'étend bien tant qu'on veut : mais iamés ne ſe caſſe:
Et, cuite, perd en l'ær, ou par ſes iaunes bors
Sa lie, & non ſon pois, ſa craſſe, & non ſon cors.
  La pierre, que du nom de l'Arc moite on appelle,
Du Brandon porte-iour reçoit la face belle:
Et d'vn repouſſement imprime puis-aprés
Contre les murs prochains la clarté de ſes rés:
Ainſi, ou peu s'enfaut, l'home aiant dans ſon ame
Receu quelque rayon de la diuine Flamme,
Le doit fére briller aus yeus de ſon prochain:
N'enterrant le treſor que Dieu lui met en main.

Pour le fére courir: si que préqu'à toute heure
Il enfante, second, une centiéme Usure.
　Come le fer touché par la pierre d'Eymant,
Vers le Pole du Nord regarde incessâment:
Ainsi l'Esprit touché par la vertu secrete
D'une foi non-fardée, & iour, & nuit s'arréte
Vers l'éclatant Fanal, qui sert d'Ourse en tout tans,
Pour guider les Nochers sur céte Mer flotans.
　Ces exemples tirés des cors qui n'ont point vie,
Engendrent en nos cœurs quelque loüable enuie.
Mais les enseignemens des cors viuans apris
Touchent plus viuement toutes sortes d'Espris.
　Sus donq Rois, sus Vassaus, sus courés à l'école
De l'essain donne-miel, qui par Hymete vole.
Là là vous aprendrés qu'une eternelle Loi
Captiue le vassal sous le vouloir du Roi.
Là là vous aprendrés qu'un magnanime Prince
N'a point de piqueron pour vexer sa Prouince.
　Ce Perse, qui graua d'une sanglante main,
Des Lois contre l'ingrat sur le publique ærain,
Sauoit que l'éparuier aiant tenu sous l'æle,
Pour fomenter son sein, la chaude Passerele,
Lui redone les chams: & d'un vol differant
S'éloigne tant qu'il peut du chemin qu'elle prend:
Afin qu'à l'auenir dans la chair tremblotante
De l'oiseau bien-féseur sa bouche il ne sanglante.
　Peres, si vous voulés que vos sages Enfans
Par leur propre bon-heur bien-heurent vos vieus ans,
Metés les au chemin de la vertu non-feinte

Ee ij

Par beaus enseignemens, par exemple, & par crainte.
Ainsi l'Aigle volete autour de ses petis,
Pour aprendre à voler leur plumage apprentis:
Que si dans peu de tans la vertu paternele,
Par exemples ne peut fére hazarder leur æle,
Il laisse quelques iours sans les paitre, écouler,
Afin qu'une âpre faim les contraigne à voler:
Et pour dernier remede, il bat, il poind, il presse
A coûs d'æle & de bec leur craintiue paresse.

Tous, qui pour auancer du Mari le trépas,
Soüillés d'un noir venin le coniugal repas:
Helas! pouués vous voir sans quelque synderèze
La Tourtre, qui perdant son mari perd son aise:
Qui n'ard pour autre Hymen: ains pleure tous les iours
Dessus le sec rameau ses premieres amours?

Meres las! pouués vous, pouués vous, ô crueles!
Refuser à vos fis vos nourrices mammeles:
Puis que de maint poisson le charitable sein,
Reçoit de ses petis le tremblotant essein,
Sentant cent & cent fois dans la perse marine,
Pour même enfantement le tourment de Lucine?

Hé! que n'embrassons nous & d'esprit, & de cors
Les vifs par charité, & par pieté les mors:
Donant aus uns secours, aus autres sepulture:
Ainsi que le Dauphin, qui s'oppose à l'iniure
Féte à ses compagnons, & morts les va sous l'eau,
Couurir du tas pesant d'un sabloneus tombeau.

Enffans que contre espoir la Diuine largesse,
A coronnés d'honneur, & comblés de richesse:

N'obliés

N'obliés vos Parens. Enfans, iettés vôtre œil
Sur la sainte amitié du pié-vite Cheureil,
Qui tandis qu'és haus mons la tremblante vieillesse
De ses fers trop pesans ses parens apparesse,
Viuandier diligent, leur aporte pour més
Des plus tendres rameaus, les plus tendres sommés :
Et verse de sa bouche en leur bouche le fleuue,
Qui tant & tant de fois sans auoir soif l'abreuue.
 Pour régler ta maison ne li point les Ecris
Du fis de Nicomache, honneur des bons Espris :
Ne fueillette celui que le Prouerbe antique
Pour ses discours succrés, appella Muse Attique.
Puis que la seule Araigne instruit chacun de nous,
Et du soin de l'Espouse, & du soin de l'Espous :
Car le mâle nourrit sa maison de sa chasse :
Et la sage femele a soin de la filace.
Son ventre engendre-étain, crache-fil, porte-laine,
Fournit de quenoüillée à sa tant docte peine :
Son pois est le fuseau qui tire, & tort le fil
Qui son doi fét par tout également subtil.
Sa toile par le centre ourdir elle comence :
Puis l'alonge en rondeaus, mesurant leur distance
Par la grandeur des tours, & d'vn fin écheueau,
Du centre iuqu'aus bors trame son drap nouueau.
Percé par tout à iour, à cele fin que l'ire
Des Eures loin-volans sa gaze ne déchire :
Et que la sotte Mouche entre plus aisément
Ez mailles d'vn filé filé si dextrement.
Certes à peine encor toucher ele comence,

Les clérs bors de ce rét, que le mâle s'élance
Au milieu de la toile : afin que sans danger
Il prene dans ses laçs l'oiselet passager.

   Rois, qui vos mains armés d'vne iuste alumelle,
Pardonnés au sujet, & domtés le rebelle,
Qui iamés ne s'attaque à l'atterré soldart:
Ains méprisant, hardi, le trét, l'épieu, le dard,
Et fendant, enragé, la presse qui l'oppresse,
Au milieu de cens mors témoigne sa prouësse.

   Taresseus, si tu veus aprendre ta leçon,
Va-t'an à la formis, va-t'an à l'herisson.
Cétui-ci de son dos rauit les fruis d'Automne,
L'autre les fruis d'Æté de sa bouche moissonne,
Afin d'auitailler pour la froide saison
Cétui-ci son logis, l'autre sa garnison.

   Lecteur, nous sommes tels, que celui qui démare
De Saba, de Bandan, & du Peru barbare
Pour chercher à trauers les menaçantes eaus
L'encens, l'épice, l'or sous des Cieus tous nouueeus.
Veu que sans desancrer de nôtre propre riue,
Nous treuuons ce qui fét que, bien-heureus, on viue:
Et que de nôtre cors les réglés mouuemens
Donent aus plus grossiers cent beaus enseignemens.

   Vous Iuges, vous Pasteurs, & vous Chefs des gendarmes
Ne souïllés point vos lois, vos sermons, & vos armes:
De-peur que ce venin glissant de toutes pars
N'infecte vos suiés, vos troupeaus, vos soldars.
Gardés que vôtre mal le mal d'autrui ne traine:
Car le reste est peu-sain quand la téte est mal-saine.

                                            Princes,

Princes, ne déchirés par la diuersité
De vos conseils legers la commune Cité:
Ains come les deux yeus ne voient qu'vne chose,
Chacun de vous la paix deuant ses yeus propose.
 Toi qui le bien d'autrui cultiues iour, & nuit
Auec vn grand trauail, mais préque sans nul fruit:
Voi les dens, qui mâchant de ce cors la dépense,
En tirent prou de peine, & bien peu de substance.
 Tout ainsi que le cœur vn seul moment ne peut
Demeurer en repos, ains nuit, & iour se meut:
Pour d'vn ba-batement d'arteres en arteres
Enuoier haut, & bas les Espris à ses freres.
Ceus à qui l'Eternel a commis son bercail
Doiuent étre touiour en soin, veille, & trauail:
Pour soufler par leurs mœurs, & par leur vie exquise
L'esprit viuifiant dans le cors de l'Eglise.
 Et come l'éstomac d'auec les alimens
Separe l'épesseur des plus lours excremens,
Ils doiuent separer du faus la chose vraie,
La foi de l'herésie, & du froment l'iuraïe:
Pour fére receuoir l'vn d'eus pour aliment:
Et l'autre rejeter come sale excrement.
 Quand la brillante épée au dépourueu menace
Ou le ventre, ou la gorge, ou la jambe, ou la face,
La main s'oppose au coup, & d'vne peur sans peur
Reçoit de ses germains la sanglante doleur.
Et nous parmi l'horreur des sacrileges armes,
Qui comblent l'Vniuers de sang & de vacarmes,
Pourrons-nous refuser le secours de nos mains

A ceus qui par la foi nous sont plus que germains?
 De moi, ie ne voi point en quel endroit le Sage
Puisse treuuer çà-bas vn plus parfét image
D'vn Etat franc de bruis, de ligues, de discors,
Que l'ordre harmonieus, qui fét viure nos cors.
 L'vn membre n'a si tôt soufert la moindre offense,
Que tout le demeurant soufre pour sa soufrance.
Le pié ne veut flairer, le nés ne peut courir,
Le cerueau batailler, ni la main discourir.
Ains sans troubler l'Etat de leur Chose-publique
Par combats intestins, vn châcun d'eus s'aplique
Sans contreinte en l'état qu'il a receu d'enhaut,
Soit honeste, soit vil, soit infime, soit haut.
 Quoi Muses? voulés vous redire l'artifice,
Qui brille haut, & bas dant l'humain Edifice?
Veu qu'vn méme Sujet deux, ou trois fois tanté,
Ennuie l'auditeur, pour bien qu'il soit chanté.
 Svs donq Muses, à bord, ietés, ô chere Bande,
L'ancre arréte-nauire : attachons la commande.
Ici ja tout nous rit : ici nul vent ne bat:
Puis c'est assés vogué pour le iour du Sabat.

FIN.

www.ingramcontent.com/pod-product-compliance
Lightning Source LLC
Chambersburg PA
CBHW051903160426
43198CB00012B/1733